頭にしみこむ
＼メモリータイム！／

寝《ね》る前5分
暗記ブック

小4

もくじ

★理科

★社会

★国語 ※国語は後ろ側《がわ》から始まります。

毎日ちょっとずつ
でいいんだよ。

この本の特長《とくちょう》と使い方

★この本の特長

暗記にぴったりな時間「寝《ね》る前」で，効率《こうりつ》よく暗記！

この本は，「寝る前の暗記が記憶《きおく》の定着をうながす」というメソッドをもとにして，小4の重要《じゅうよう》なところだけを集めた参考書《さんこうしょ》です。

暗記にぴったりな時間を上手に活用して，小4の重要ポイントを効率よくおぼえましょう。

★この本の使い方

この本は，1項目《こうもく》2ページの構成《こうせい》になっていて，5分間で手軽に読めるようにまとめてあります。赤フィルターを使って，赤文字の要点《ようてん》をチェックしてみましょう。

①

②
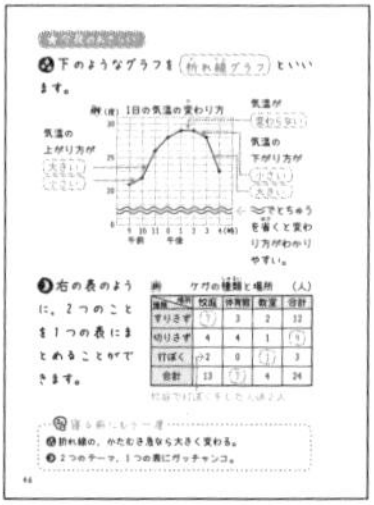

① 1ページ目の「今夜おぼえること」（英語では「今夜の表現《ひょうげん》」）では，その項目の重要ポイントを，語呂《ごろ》合《あ》わせや図でわかりやすくまとめてあります。

② 2ページ目の「今夜のおさらい」では，1ページ目の内容《ないよう》をやさしい文章でくわしく説明《せつめい》しています。読み終えたら，「寝る前にもう一度」で重要ポイントをもう一度確《かく》認《にん》しましょう。

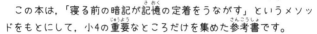

1. あいさつ

□ 月 日
□ 月 日

★今夜の表現《ひょうげん》

Hello《ハロウ》. I'm《アイム》 Saki《サキ》.

こんにちは。わたしはさきです。

Hi《ハーイ》, I'm《アイム》 Paul《ポーウ》.

やあ，ぼくはポールです。

I'm（わたしは～です）のあとに，自分の名前を続《つづ》けて言おう。

★今夜のおさらい

Hello.は「こんにちは。」という意味で，1日中使えるあいさつです。**I'm**は**I am**をちぢめた言い方で，「わたしは～です」という意味です。

Hi.は「やあ，こんにちは。」という意味で，1日中使えるあいさつです。

Hi. は Hello. よりも気軽なあいさつだよ。

その他のいろいろなあいさつも見てみましょう。

Good《グド》 morning《モーニング》.

おはよう。

Good《グド》 afternoon《エァフタヌーン》.

こんにちは。

Goodbye《グッバーイ》.

さようなら。

Good《グド》 night《ナーイト》.

おやすみなさい。

寝る前にもう一度

Hello. I'm Saki.

—Hi, I'm Paul.

★今夜の表現《ひょうげん》

How《ハウ》 are《アー》 you《ユー》?

お元気ですか。

I'm《アイム》 great《グレイト》, thank you《セアンキュー》.

わたしはとても元気です，ありがとう。

「元気だ」と言いたいときは，fine や good でもいいよ。

★今夜のおさらい

✪相手に「お元気ですか。」と，気分や体調をたずねるときは，How are you? と言います。

☾自分の気分や体調を言うときは，**I'm** のあとに great（とても元気な）などの**様子を表すことば**を続けます。

✪いろいろな様子を表すことばを見てみましょう。

- happy《ヘァピ》　うれしい
- fine《ファーイン》　元気な，よい
- sad《セァド》　悲しい
- hungry《ハングリ》　おなかがすいた
- sleepy《スリーピ》　ねむい
- tired《タイアァド》　つかれた
- hot《ハート》　暑い
- cold《コウウド》　寒い

寝る前にもう一度

✪ **How are you?**

—I'm great, thank you.

★今夜の表現《ひょうげん》

Do《ドゥ》 you《ユー》 like《ライク》 blue《ブルー》?

あなたは青が好きですか。

Yes《イエス》, I《アイ》 do《ドゥー》. I《アイ》 like《ライク》 blue《ブルー》.

はい。わたしは青が好きです。

No《ノウ》, I《アイ》 don't《ドウント》. I《アイ》 don't《ドウント》 like《ライク》 blue《ブルー》.

いいえ。わたしは青が好きではありません。

★今夜のおさらい

「あなたは～が好《す》きですか。」とたずねるときは、Do you **like** ～? と言います。

Do you like ～? (あなたは～が好きですか。)とたずねられて、「はい。」と答えるときは、**Yes**, I do. と言います。また、「いいえ。」と答えるときは、**No**, I don't. と言います。

I **like** ～. は「わたしは～が好きです。」という意味です。「～」の部分には、自分の好きなものを表すことばを続《つづ》けます。

たとえば犬のように、数えられることばが続くときは dog (犬) → dogs のように s をつけた形にするよ。

自分が好きではないものを説明《せつめい》するときは、I **don't** like ～. (わたしは～が好きではありません。) と言います。

あとに、I like red. (わたしは赤が好きです。) のように好きなものを続けて言うといいよ。

寝る前にもう一度

Do you like blue? — Yes, I do. I like blue. / No, I don't. I don't like blue.

4. ほしいもの

□ 月 日
□ 月 日

★今夜の表現《ひょうげん》

What《フワット》 do《ドゥ》 you《ユー》 want《ワーント》?

あなたは何がほしいですか。

I《アイ》 want《ワーント》 bananas《バネァナズ》, please《プリーズ》.

わたしはバナナがほしいです。

かんたんにBananas, please.（バナナをお願《ねが》いします。）と言ってもいいよ。

★今夜のおさらい

✪相手に何がほしいかをたずねるときは，What do you want?（あなたは何がほしいですか。）と言います。

☾ I want ～. は，「わたしは～がほしいです。」という意味で，**please**（お願《ねが》いします）とよくいっしょに使います。

I want ～. の「～」の部分に下のことばを入れて，「わたしは～がほしいです。」と言ってみよう。

grapes《グレイプス》　**apples**《エァポウズ》　**oranges**《オーリンヂズ》　**melons**《メロンズ》

✪物を受けわたすときは，次のように言います。

Here《ヒア》 you《ユー》 are《アー》.
はい，どうぞ。

Thank you《セァンキュー》.
ありがとう。

寝る前にもう一度

✪ **What do you want?**
—I want bananas, please.

★今夜の表現《ひょうげん》

Do《ドゥ》 you《ユー》 have《ヘァヴ》 a《ア》 pen《ペン》?

あなたはペンを持っていますか。

Yes《イエス》, I do《アイドゥー》. I《アイ》 have《ヘァヴ》 a《ア》 pen《ペン》.

はい。わたしはペンを持っています。

「いいえ，持っていません。」と答えるなら，
No, I don't. と言えばいいよ。

★今夜のおさらい

✪ **have** は「～を持っている」という意味です。「あなたは～を持っていますか。」とたずねるときは、Do you **have** ～? と言います。

◐ Do you have ～? に「はい。」と答えるときには、Yes, I **do**. と言います。

11ページの Do you like ～? (あなたは～が好《す》きですか。) の答え方と同じだね。

✪「いいえ、持っていません。」と答えるときは、次のように言いましょう。

Do《ドゥ》 you《ユー》 have《ヘァヴ》 an《アン》 eraser《イレイサァ》?
あなたは消しゴムを持っていますか。

No《ノウ》, I《アイ》 don't《ドウント》. I《アイ》 don't《ドウント》 have《ヘァヴ》 an《アン》 eraser《イレイサァ》.
いいえ。わたしは消しゴムを持っていません。

寝る前にもう一度

✪ **Do you have a pen?**
—Yes, I do. I have a pen.

6. 天気

□ 月 日
□ 月 日

★今夜の表現《ひょうげん》

How's《ハウズ》 the《ザ》 weather《ウェザァ》?

天気はどうですか。

It's《イッツ》 sunny《サニ》.

晴れています。

「晴れた」以外《いがい》の天気を表すことばは，
次のページでたしかめよう。

★今夜のおさらい

✪「天気はどうですか。」と，今の天気をたずねるときは，How's the weather? と言います。

☽今の天気を答えて，「〜です」と言うときは，It's（〜です）のあとに，天気を表すことばを続《つブ》けます。

天気を表すことばをまとめて覚《おぼ》えよう。

sunny《サニ》
晴れた

rainy《レイニ》
雨の

cloudy《クラウディ》
くもりの

snowy《スノウイ》
雪の

✪特定《とくてい》の場所の天気をたずねるときは，次のように言います。

How's《ハウズ》 the《ザ》 weather《ウェザァ》 in《イン》 Sydney《スィドニ》?
シドニーの天気はどうですか。

It's《イッツ》 cloudy《クラウディ》.
くもっています。

寝る前にもう一度

✪ **How's the weather?**
—It's sunny.

英語

★今夜の表現《ひょうげん》

How《ハウ》 many《メニ》 apples《エアポウズ》?

りんごはいくつですか。

Ten《テン》 apples《エアポウズ》.

10こ（のりんご）です。

Ten.（10こ。）のように数だけ答えてもいいよ。

★今夜のおさらい

「いくつ？」と，数をたずねるときは，
How many ～？（～はいくつですか。）と言います。
「～」の部分には，apples のように s のついた形（2つ以上《いじょう》を表す形）が続《つづ》きます。

How many ～？には，数を答えます。

数の言い方をまとめて覚《おぼ》えましょう。

1 one《ワン》	2 two《トゥー》	3 three《スリー》	4 four《フォーァ》
5 five《ファーイヴ》	6 six《スイクス》	7 seven《セヴン》	8 eight《エイト》
9 nine《ナーイン》	10 ten《テン》	11 eleven《イレヴン》	12 twelve《トウエウヴ》

13 thirteen《サ～ティーン》　14 fourteen《フォーティーン》　15 fifteen《フィフティーン》
16 sixteen《スィクスティーン》　17 seventeen《セヴンティーン》　18 eighteen《エイティーン》
19 nineteen《ナインティーン》　20 twenty《トウエンティ》

寝る前にもう一度

How many apples?
— Ten apples.

★今夜の表現《ひょうげん》

What《フワット》 time《タイム》 is《イズ》 it《イト》?

何時ですか。

It's《イッツ》 9:30《ナーイン サ〜ティ》.

9時30分です。

9:30は nine thirty[**ナ**ーイン **サ**〜ティ]と読むよ。
「9時」なら，nine[**ナ**ーイン]とだけ言えばいいよ。

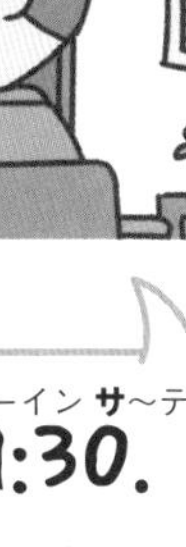

★今夜のおさらい

「何時ですか。」と，時こくをたずねるときは，What time is it? と言います。

「～時です。」と，時こくを答えるときは，It's ～. と言います。時こくは，〈時＋分〉の順（じゅん）に数を言って表します。

数の言い方をたしかめましょう。

20 twenty（トウェンティ）　30 thirty（サ～ティ）　40 forty（フォーティ）

50 fifty（フィフティ）　60 sixty（スイクスティ）

「21」以上（いじょう）の数は，十の位（くらい）の数と一の位の数をハイフン(-)でつなげて表します。

21 twenty-one（トウェンティ ワン）　33 thirty-three（サ～ティ スリー）

45 forty-five（フォーティ ファーイヴ）　56 fifty-six（フイフティ スイクス）

1から数を英語（えいご）で言えるかな？

寝る前にもう一度

What time is it?

—It's 9:30.

★今夜の表現《ひょうげん》

What《フワット》 day《デイ》 is《イズ》 it《イト》 today《トゥデイ》?

今日は何曜日ですか。

It's《イッツ》 Monday《マンデイ》.

月曜日です。

曜日は，大文字で書き始めることに
注意しよう。

★今夜のおさらい

「何曜日ですか。」と，曜日をたずねるときは，**What** **day** is it? と言います。
特《とく》に「今日は」と言いたいときは，**What** **day** is it today? のように，あとに **today** をつけます。

曜日を答えるときは，**It's** ～. の形で言います。

曜日の言い方をたしかめましょう。

Sunday《サンデイ》	日曜日	Monday《マンデイ》	月曜日
Tuesday《テューズデイ》	火曜日	Wednesday《ウェンズデイ》	水曜日
Thursday《サ～ズデイ》	木曜日	Friday《フラーイデイ》	金曜日
Saturday《セァタデイ》	土曜日		

寝る前にもう一度

What day is it today?
—It's Monday.

★今夜の単語

フィッシュ
fish 魚

バ〜ド
bird 鳥

ドーグ
dog 犬

ピーグ
pig ぶた

キャット
cat ねこ

レァビット
rabbit うさぎ

マウス
mouse ねずみ

カーウ **cow**	牛	ホース **horse**	馬
シープ **sheep**	羊	チキン **chicken**	にわとり
ゴウト **goat**	やぎ	フラーグ **frog**	かえる
エァント **ant**	あり	スパイダァ **spider**	くも

★今夜のおさらい

イラストに合う単語《たんご》を選《えら》ぼう。

cow《カーウ》 ・ pig《ピーグ》

fish《フィシュ》 ・ frog《フラーグ》

mouse《マウス》 ・ horse《ホース》

イラストに合う単語になるように、□にアルファベットを入れて、パズルを完成《かんせい》させよう。

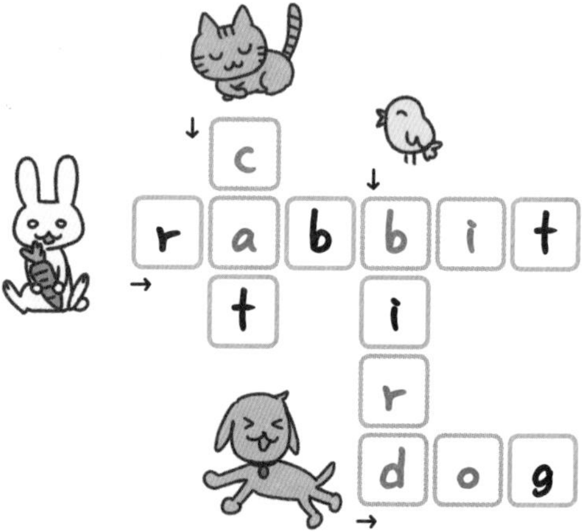

★今夜の単語《たんご》

zoo《ズー》
動物園
動物園
panda《ペァンダ》
パンダ
コアラ
koala《コウアーラ》
さる
monkey《マンキ》
tiger《ターイガァ》
とら
bear《ベアァ》
くま
lion《ライアン》
ライオン

fox《ファックス》	きつね	duck《ダック》	あひる
snake《スネイク》	へび	zebra《ズィーブラ》	しまうま
gorilla《ゴリーラ》	ゴリラ	elephant《エレファント》	ぞう

★今夜のおさらい

イラストに合う単語《たんご》を選《えら》ぼう。

tiger《ターイガァ》 ・ bear《ベアァ》

snake《スネイク》 ・ duck《ダック》

monkey《マンキ》 ・ zebra《ズィーブラ》

左の国とかかわりが深い動物になるように、□にアルファベットを入れて単語を完成《かんせい》させよう。

China（中国）

p anda《ペアンダ》

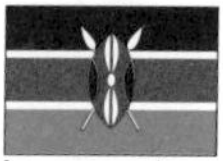

Kenya（ケニア）

l ion《ライアン》

India（インド）

e lephant《エレファント》

Australia（オーストラリア）

k oala《コウアーラ》

12. 野菜《やさい》・果物《くだもの》

□ 月 日
□ 月 日

★今夜の単語《たんご》

carrot《キャロト》
にんじん

corn《コーン》
とうもろこし

cucumber《キューカンバァ》
きゅうり

mushroom《マシルーム》
きのこ

onion《アニョン》
たまねぎ

cherry《チェリ》
さくらんぼ

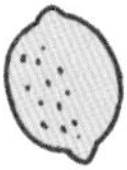

lemon《レモン》
レモン

peach《ピーチ》
もも

---

nut《ナット》 木の実

cabbage《キャベヂ》 キャベツ

pumpkin《パンプキン》 かぼちゃ

green《グリーン》 pepper《ペパァ》 ピーマン

pineapple《パイネアポォ》 パイナップル

strawberry《ストローベリ》 いちご

watermelon《ウォータァメロン》 すいか

★今夜のおさらい

イラストに合う単語《たんご》を選《えら》ぼう。

cabbage《キャベチ》 ・ carrot《キャロト》

pumpkin《パンプキン》 ・ cucumber《キューカンバァ》

strawberry《ストローベリ》 ・ pineapple《パイネァポォ》

アルファベットをならべかえて，イラストに合う単語を完成《かんせい》させよう。

[c, n, o, r] → corn《コーン》

[i, n, n, o, o] → onion《アニョン》

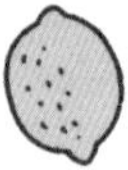

[e, l, m, n, o] → lemon《レモン》

[a, c, e, h, p] → peach《ピーチ》

13. 食べ物・飲み物

□ 月 日
□ 月 日

★今夜の単《たん》語《ご》

pizza《ピーツァ》
ピザ
milk《ミウク》
牛にゅう
cake《ケイク》
ケーキ
rice《ライス》
米，ごはん
juice《デュース》
ジュース
bread《ブレッド》
パン
salad《セァラド》
サラダ

tea《ティー》 こう茶《ちゃ》

soup《スープ》 スープ

omelet《アムレト》 オムレツ

sandwich《セァンドウィチ》 サンドイッチ

spaghetti《スパゲティ》 スパゲッティ

hamburger《ヘァンバ～ガァ》 ハンバーガー

ice《アイス》 cream《クリーム》 アイスクリーム

★今夜のおさらい

イラストに合う単語《たんご》を選《えら》ぼう。

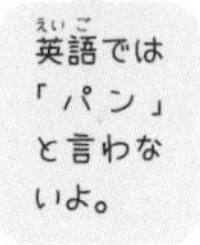

「英語《えいご》では「パン」と言わないよ。」

	tea《ティー》 ・	**[milk《ミウク》]**
	**[rice《ライス》]** ・	soup《スープ》
	omelet《アムレト》 ・	**[bread《ブレッド》]**

イラストに合う単語になるように、□にアルファベットを入れて、パズルを完成《かんせい》させよう。

			j			
			u			s
		p	i	z	z	a
			c			l
c	a	k	e			a
						d

★今夜の単《たん》語《ご》

eye《アイ》
目
hair《ヘアァ》
かみの毛
nose《ノウズ》
鼻
ear《イアァ》
耳
hand《ヘアンド》
手
mouth《マウス》
口
foot《フット》
足（足首から先）

body《バーディ》	体	head《ヘッド》	頭
face《フェイス》	顔	shoulder《ショウゥダァ》	かた
arm《アーム》	うで	leg《レーグ》	あし（ももから足首まで）
knee《ニー》	ひざ	toe《トウ》	つま先

★今夜のおさらい

✪イラストに合う単語《たんご》を選《えら》ぼう。

かみの毛
耳
手

hair《ヘアァ》 ・ arm《アーム》

leg《レーグ》 ・ ear《イアァ》

hand《ヘァンド》 ・ head《ヘッド》

◐日本語に合う単語になるように、□にアルファベットを入れて、パズルを完成《かんせい》させよう。

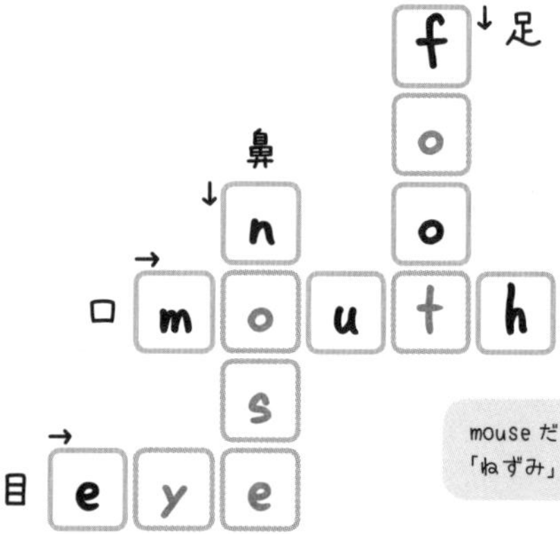
↓足
f
o
o
t
鼻
↓
n
o
s
e
→
口 m o u t h
→
目 e y e

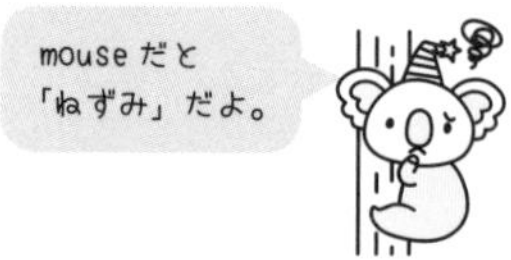
mouse だと
「ねずみ」だよ。

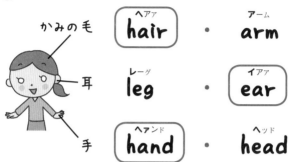

★今夜の単語《たんご》

sit《スイット》	すわる	stand《ステアンド》	立つ
stop《スタープ》	止まる	turn《ター～ン》	まわる
look《ルック》	見る	put《プット》	置《お》く
wash《ワーシュ》	あらう	go《ゴウ》	行く

★今夜のおさらい

イラストに合う単語《たんご》を選《えら》ぼう。

put《プット》 • go《ゴウ》

jump《ヂャンプ》 • stand《ステァンド》

turn《タ～ン》 • run《ラン》

wash《ワーシュ》 • eat《イート》

アルファベットをならべかえて，イラストに合う単語を完成《かんせい》させよう。

[g, i, n, s] → sing《スィング》

[a, k, l, w] → walk《ウォーク》

[d, s, t, u, y] → study《スタディ》

16. 身の回りのもの

□ 月 日
□ 月 日

★今夜の単語《たんご》

---

pen《ペン》	ペン	chair《チェアァ》	いす
scissors《スィザズ》	はさみ	crayon《クレイヤン》	クレヨン
glue《グルー》 stick《スティク》	のり	pencil《ペンスウ》 case《ケイス》	筆箱

★今夜のおさらい

イラストに合う単語《たんご》を選《えら》ぼう。

 eraser《イレイサァ》 ・ pen《ペン》

 calendar《キャレンダァ》 ・ ruler《ルーラァ》

 crayon《クレイヤン》 ・ clock《クラーク》

 chair《チェアァ》 ・ scissors《スィザズ》

アルファベットをならべかえて，イラストに合う単語を完成《かんせい》させよう。

 [e, d, k, s] → desk《デスク》

 [o, k, o, b] → book《ブック》

 [c, e, i, l, n, p] → pencil《ペンスゥ》

★今夜の単語《たんご》

restroom《レストルーム》
トイレ
music《ミューズィク》 room《ルーム》
音楽室
science《サーイエンス》 room《ルーム》
理科室
gym《ヂム》
体育館
classroom《クレアスルーム》
教室
entrance《エントランス》
しょうこう口・入り口
library《ラーイブレリ》
図書室

playground《プレイグラウンド》　校庭

computer《コンピュータァ》 room《ルーム》　コンピューター室

teachers'《ティーチャァズ》 office《オーフィス》　職員室《しょくいんしつ》

「プール」は swimming pool と言うよ。

★今夜のおさらい

イラストに合う単語《たんご》を選《えら》ぼう。

classroom《クレアスルーム》 ・ playground《プレイグラウンド》

library《ラーイブレリ》 ・ entrance《エントランス》

computer《コンピュータァ》 room《ルーム》 ・ restroom《レストルーム》

左の教科とかかわりが深い単語になるように、□にアルファベットをうめよう。

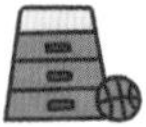

体育 [g]ym《ヂム》

音楽 [m]usic《ミューズィク》 room《ルーム》

理科 [s]cience《サーイエンス》 room《ルーム》

みんなの
好《す》きな
場所は
どこかな？

18. スポーツ

□ 月 日
□ 月 日

★今夜の単《たん》語《ご》

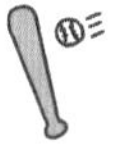

baseball《ベイスボーウ》

野球

basketball《ベァスキッボーウ》

バスケットボール

soccer《サカァ》

サッカー

tennis《テニス》

テニス

volleyball《ヴァリボーウ》

バレーボール

swimming《スウィミング》

水泳

---

sport《スポート》 スポーツ

rugby《ラグビ》 ラグビー

skiing《スキーイング》 スキー

skating《スケイティング》 スケート

badminton《ベァドミントン》 バドミントン

dodgeball《ダッヂボーウ》 ドッジボール

table《テイボウ》 tennis《テニス》 たっ球《きゅう》

Do you like sports?
(あなたはスポーツが好《す》き？)

★今夜のおさらい

1 イラストに合う単語《たんご》を選《えら》ぼう。

table tennis《テイボゥ テニス》 ・ **[soccer《サカァ》]**

[basketball《ベァスキッボーゥ》] ・ badminton《ベァドミントン》

[swimming《スウィミング》] ・ rugby《ラグビ》

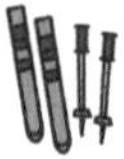

skating《スケイティング》 ・ **[skiing《スキーイング》]**

2 左の道具とかかわりが深い単語になるように、

□にアルファベットをうめよう。

バット　[b]aseball《ベイスボーゥ》

ラケット　[t]ennis《テニス》

ボール　[v]olleyball《ヴァリボーゥ》

19. 町

□ 月 日
□ 月 日

★今夜の単語《たんご》

house《ハーウス》
家
school《スクーウ》
学校
library《ラーイブレリ》
図書館
park《パーク》
公園
car《カーァ》
自動車
bike《バイク》
自転車
station《ステイション》
駅

bus《バス》 バス
train《トレイン》 電車
zoo《ズー》 動物園
bank《ベァンク》 銀行
hospital《ハースピトォ》 病院
post office《ポウスト オーフィス》 ゆうびん局《きょく》
restaurant《レストラント》 レストラン

★今夜のおさらい

イラストに合う単語《たんご》を選《えら》ぼう。

bus《バス》 ・ bike《バイク》

station《ステイション》 ・ school《スクーゥ》

house《ハーウス》 ・ hospital《ハースピトォ》

イラストに合う単語になるように，□にアルファベットを入れて，パズルを完成《かんせい》させよう。

			↓p		c↓	
			a		a	
→l	i	b	r	a	r	y
			k			

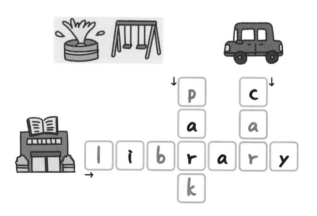

★今夜おぼえること

折《お》れ線《せん》の、かたむき急なら

大きく変《か》わる。

2つのテーマ、1つの表に

ガッチャンコ。

★今夜のおさらい

下のようなグラフを **折《お》れ線《せん》グラフ** といいます。

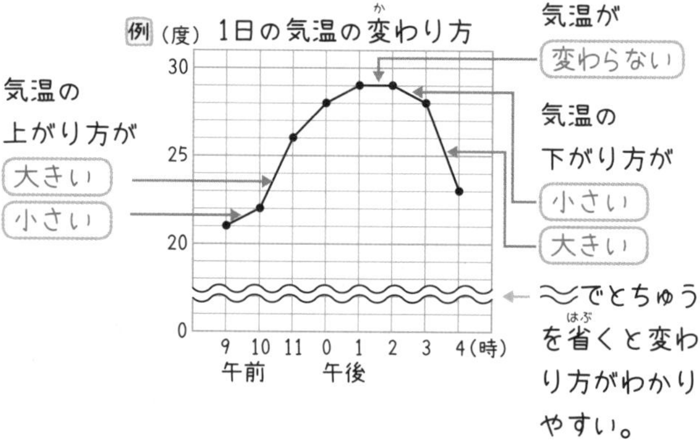
例 (度) 1日の気温の変《か》わり方
30
25
20
0
9 10 11 0 1 2 3 4(時)
午前 午後
気温の上がり方が
大きい
小さい
気温が
変わらない
気温の下がり方が
小さい
大きい
〜でとちゅうを省《はぶ》くと変わり方がわかりやすい。

右の表のように、2つのことを1つの表にまとめることができます。

例 ケガの種類《しゅるい》と場所 (人)

種類＼場所	校庭	体育館	教室	合計
すりきず	7	3	2	12
切りきず	4	4	1	9
打ぼく	2	0	1	3
合計	13	7	4	24

校庭で打ぼくをした人は2人

寝る前にもう一度

- 折れ線の，かたむき急なら大きく変わる。
- 2つのテーマ，1つの表にガッチャンコ。

算数

★今夜おぼえること

直角は90°，2つで半回転180°，4つでぐるっと1回転360°。

ゴロ合わせ 三角じょうぎのサブ(30°)ロー(60°)くん(90°)とシンゴ(45°)シンゴ(45°)くん(90°)。

★今夜のおさらい

★ 直角を90に等分した1つ分の角の大きさを**1度《ど》**といい，1°と書きます。

1直角＝90°

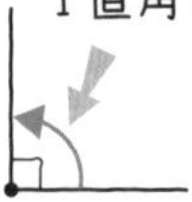

半回転の角度《かくど》＝2直角＝180°

1回転の角度＝4直角＝360°

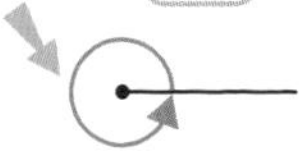

角度は，**分《ぶ》度《ど》器《き》**を使ってはかります。

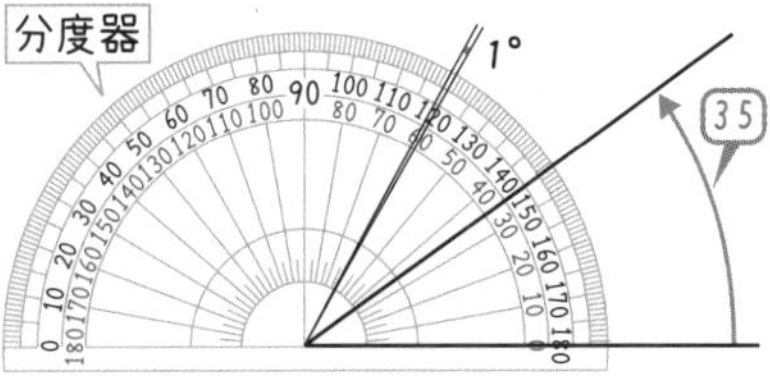

☾ 三角じょうぎの角の大きさは，次のようになっています。

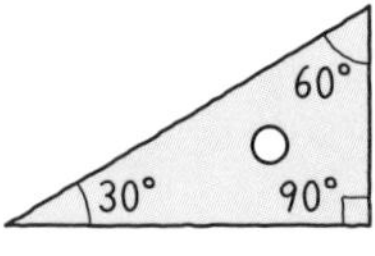

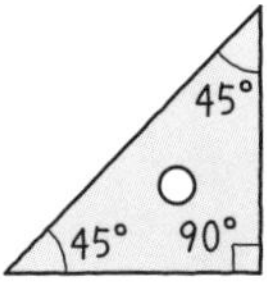

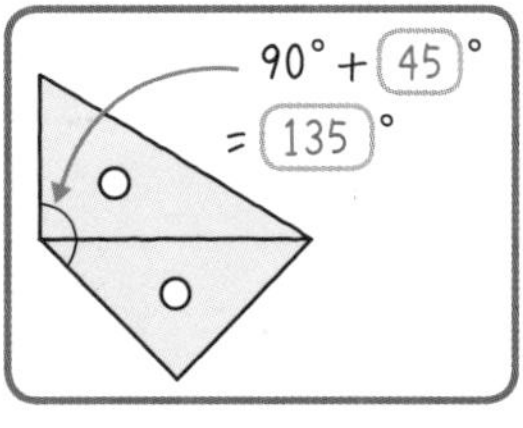

寝る前にもう一度

- ★ 直角は90°，2つで半回転180°，4つでぐるっと1回転360°。
- ☾ 三角じょうぎのサブローくんとシンゴシンゴくん。

3. わる数が1けたのわり算

□　　月　　日
□　　月　　日

★今夜おぼえること

★★★筆算は、たてて、かけて、ひいて、おろすをリピート。

☾商《しょう》たたず！　次の位《くらい》もなかまに入れよう。

★今夜のおさらい

わり算の筆算では，大きい位《くらい》から順《じゅん》に，たてる→かける→ひく→おろすのくり返しで計算します。

例

```
たてる→ 2
     3 ) 7 4
かける→ 6  ↓
ひく →  1 4
おろす ────┘
```

➡

```
      2 4 ←たてる…商《しょう》は 24
  3 ) 7 4
      6
      1 4
      1 2 ←かける
        2 ←ひく   …あまりは 2
```

＊かけ算の答えは積《せき》，たし算の答えは和《わ》，ひき算の答えは差《さ》という。

わられる数のいちばん大きい位の数がわる数より小さいときは，次の位の数までふくめた数で計算します。

例

```
        3
  8 ) 2 5 6
      2 4
        1 6
```

➡

```
        3 2 …商
  8 ) 2 5 6
      2 4
        1 6
        1 6
          0
```

❶ 2は8より小さいので，25を8でわる。

❷ 16を8でわる。

わりきれた！

寝る前にもう一度

- 筆算は，たてて，かけて，ひいて，おろすをリピート。
- 商たたず！　次の位もなかまに入れよう。

★今夜おぼえること

●垂直《すいちょく》は直角に交わり，

平行《へいこう》はどこまでも交わらず。

●平行《へいこう》四《し》辺形《へんけい》は向かい合った

角同じ。加《くわ》えて，長さのちがう

対角線《たいかくせん》が垂直でひし形《がた》に。

★今夜のおさらい

直角に交わる2本の直線は，
垂直《すいちょく》であるといいます。
1本の直線に垂直な2本の直線は， **平行《へいこう》**であるといいます。

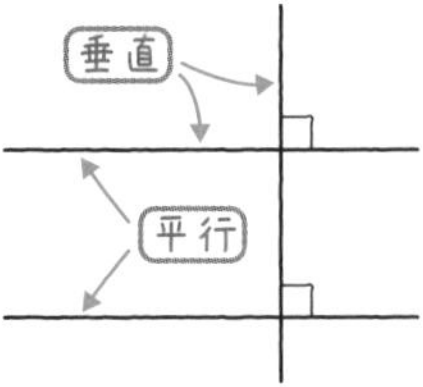

台形《だいけい》…向かい合った**1組の辺《へん》が平行な四角形。**

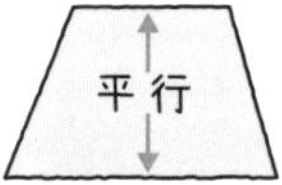

平行四辺形《へいこうしへんけい》…向かい合った**2組の辺が平行な四角形。**

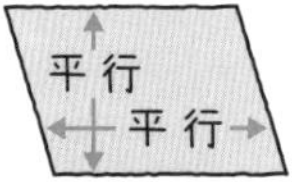

ひし形《がた》…**4つの辺の長さが等しい四角形。**

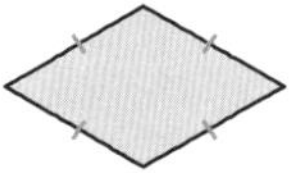

平行四辺形

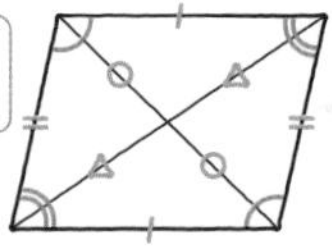

向かい合った角の大きさは等しい。

ひし形

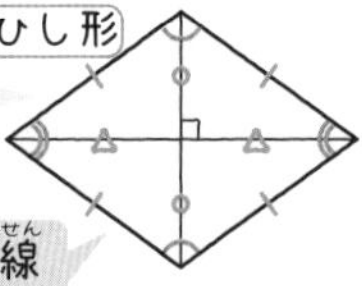

2本の対角線《たいかくせん》が垂直。

寝る前にもう一度

- 垂直は直角に交わり，平行はどこまでも交わらず。
- 平行四辺形は向かい合った角同じ。加《くわ》えて，長さのちがう対角線が垂直でひし形に。

★今夜おぼえること

大きい数，4けたごとに区切って読もう。

位《くらい》は10倍で1つ，100倍で2つ上がる。

★今夜のおさらい

千万の 10 倍を 一億《おく》 といいます。

千億の 10 倍を 一兆《ちょう》 といいます。

例

千	百	十	一	千	百	十	一	千	百	十	一	千	百	十	一
			兆				億				万				
	4	3	8	6	2	1	7	0	0	0	0	0	0	0	0

区切る

例の数は，右から 4 けたごとに区切ると読みやすいです。
この数は，四百三十八兆六千二百十七億と読みます。

整数を 10 倍すると，位《くらい》は 1 けたずつ 上がり ます。

整数を $\frac{1}{10}$ にすると，位は 1 けたずつ 下がり ます。

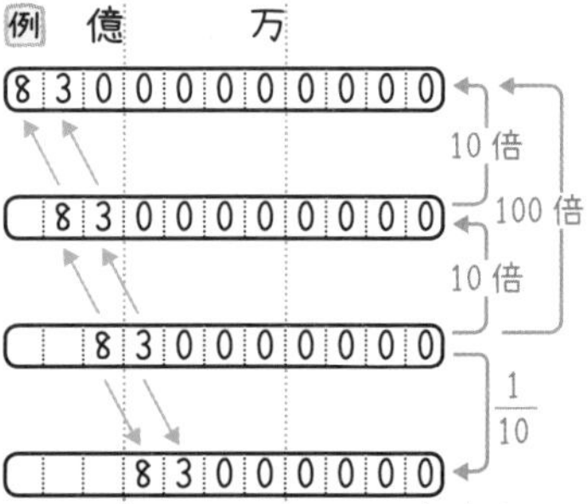

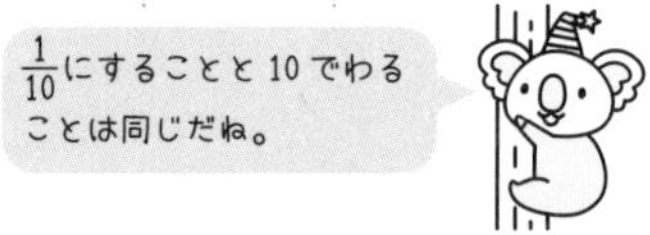

寝る前にもう一度

- 大きい数，4 けたごとに区切って読もう。
- 位は 10 倍で 1 つ，100 倍で 2 つ上がる。

★今夜おぼえること

60 ÷ 30 の商は，6 ÷ 3 の商と同じ。

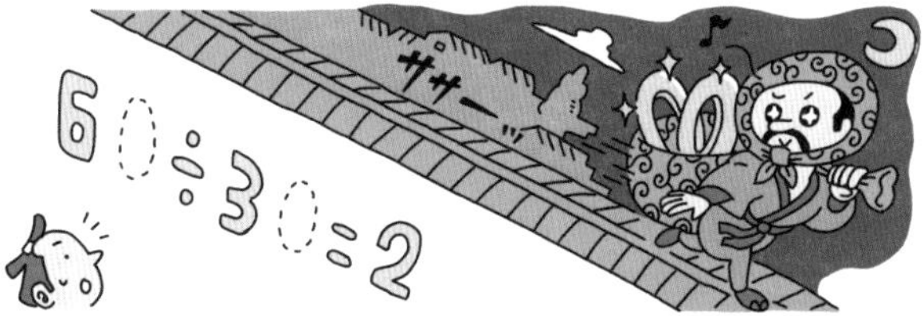

商さがしテク！ わる数を何十とみて九九使う。

★今夜のおさらい

何十でわるわり算は，10をもとにして考えます。

例　70÷20の商は，10をもとにすると，7÷2の商と等しくなります。

7 ÷2 =3あまり1　　あまりの1は10が1こあることを表す。

等しい↓

70÷20=3あまり10

2けたの数でわる筆算は，わる数を何十とみて，商の見当をつけます。

例

```
        3  ←わる数を20とみると，20×3=60
21 ) 6 9     だから，3を一の位にたてる。
     6 3  ←21×3=63
     ---
       6  ←69−63=6
```

（位《くらい》）

例

```
          1                 1 8
28 ) 5 0 4   ➡   28 ) 5 0 4
     2 8               2 8
     ---               -----
     2 2               2 2 4
                       2 2 4
                       -----
                           0
```

わる数を30とみて，商の見当をつける。

見当をつけた商が大きすぎたり小さすぎたりしたら，商を1ずつ変《か》えていこう。

寝る前にもう一度

- 60÷30の商は，6÷3の商と同じ。
- 商さがしテク！　わる数を何十とみて九九使う。

★今夜おぼえること

一方を1とみたとき、他方が何倍か表す数が割合《わりあい》。

こちらは3ですな！
1
?

割合(倍)には、わり算・かけ算大かつやく！

割合王

★今夜のおさらい

もとにする大きさを 1 とみたときに，くらべられる大きさが 何倍 かを表した 数 を割合《わりあい》といいます。

例　重さが7kgの子犬と28kgの親犬がいます。親犬の重さが子犬の重さの何倍かを求《もと》めると，
28 ÷ 7 = 4 で4倍です。
この7kgを1とみたとき，
28kgの割合は，4 となります。

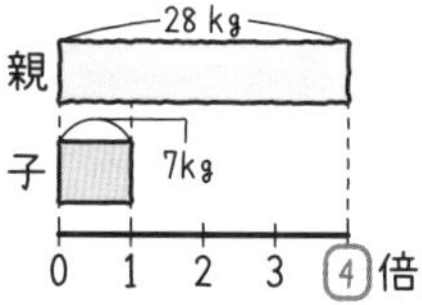
28 kg
親
7kg
子
0
1
2
3
4 倍

割合の問題は，倍の考え方で求めるので，わり算・かけ算で計算します。

例　家から学校までの道のりは600mで，家から公園までの道のりはその3倍です。家から公園までの道のりは，
600 × 3 = 1800 で1800mです。

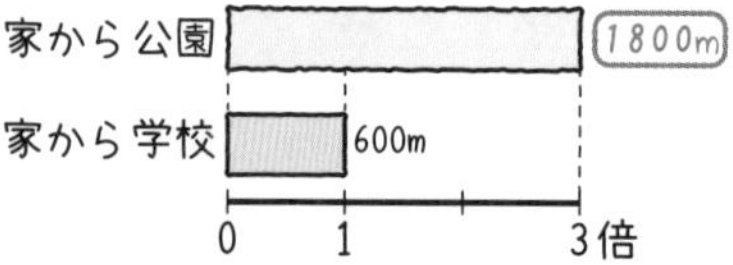
家から公園
1800m
家から学校
600m
0
1
3倍

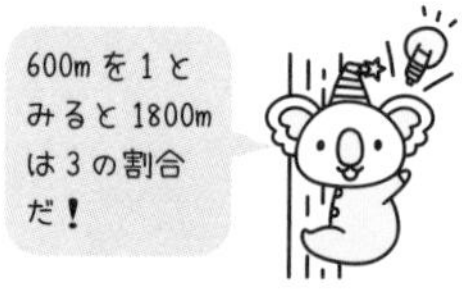
600mを1とみると1800mは3の割合だ！

寝る前にもう一度

- 一方を1とみたとき，他方が何倍か表す数が割合。
- 割合(倍)には，わり算・かけ算大かつやく！

★今夜おぼえること

★四捨五入《ししゃごにゅう》，4まで切り捨《す》て，5からは切り上げ。

☽見積《みつ》もりは，がい数で計算すると楽ちん。

★今夜のおさらい

ある位《くらい》までのがい数にするとき，その1つ下の位の数字が

0，1，2，3，4 のとき→切り捨《す》て。

5，6，7，8，9 のとき→切り上げ。

このしかたを 四捨五入《ししゃごにゅう》 といいます。

例　24735を四捨五入してがい数で表します。

- 千の位までのがい数で表すと，百の位は7だから切り上げて，約《やく》25000。
- 上から3けたのがい数で表すと，上から4けためは3だから切り捨てて，約24700。

和や差《さ》，積《せき》や商を見積《みつ》もるときは，がい数にして計算すると便利《べんり》です。

例　284円と315円と475円の合計が何円くらいになるかを，四捨五入して百の位までのがい数にして見積もると，300＋300＋500＝1100で，約1100円です。

寝る前にもう一度

- 四捨五入，4まで切り捨て，5からは切り上げ。
- 見積もりは，がい数で計算すると楽ちん。

★今夜おぼえること

☆計算は，1番かっこ，

2番かけわり，3番たしひき。

☽(■+●)×▲のかっこはずし，

■と●の両方に▲かける。

★今夜のおさらい

式の計算は，次の順《じゅん》じょでします。

(　)の中 → ×，÷ → ＋，−

例　$20-2\times(5+8\div4)=20-2\times(5+\boxed{2})$
　　　　　　　　　　　　　　　　　　❶
$=20-2\times\boxed{7}$
　　　　　　❷
$=20-\boxed{14}$
　　　　❸
$=\boxed{6}$
　❹

（❶ $8\div4$　❷ $5+8\div4$　❸ $2\times(5+8\div4)$　❹ $20-2\times(5+8\div4)$）

計算のきまりには，右のようなものがあります。

㋐　(■＋●)×▲＝■×▲＋●×▲
㋑　(■−●)×▲＝■×▲−●×▲
㋒　■＋●＝●＋■
㋓　■×●＝●×■
㋔　(■＋●)＋▲＝■＋(●＋▲)
㋕　(■×●)×▲＝■×(●×▲)

例　㋑のきまりを使うと，

$99\times2=(100-\boxed{1})\times2$
$=100\times2-\boxed{1}\times2$
$=\boxed{200}-\boxed{2}=\boxed{198}$

寝る前にもう一度

計算は，1番かっこ，2番かけわり，3番たしひき。
(■＋●)×▲のかっこはずし，■と●の両方に▲かける。

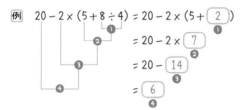

★今夜おぼえること

面積《めんせき》は、となり合う辺《へん》のかけ合わせ。

これ、つまらないものですが・・・
アラ～、どうも～！

100m^2《平方メートル》で1a《アール》。

その100倍で1ha《ヘクタール》。

100m^2
1a
100a
1ha

★今夜のおさらい

🌟広さのことを**面積《めんせき》**といいます。１辺《ぺん》が**1cm**の正方形の面積は$1cm^2$です。

（平方センチメートル）

●長方形の面積を求《もと》める公式

長方形の面積＝たて×横
＝横×たて

●正方形の面積を求める公式

正方形の面積＝１辺×１辺

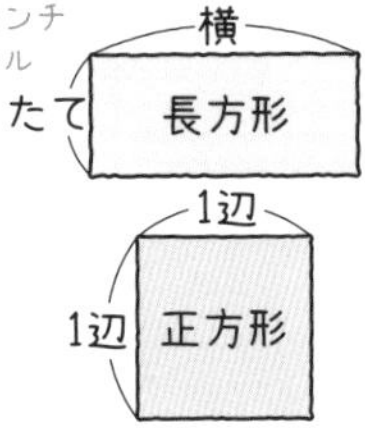
横
たて
長方形
1辺
1辺
正方形

🌙１辺が**1m**の正方形の面積は$1m^2$（平方メートル），**1km**の正方形の面積は$1km^2$（平方キロメートル）です。

１辺が**10m**の正方形の面積は１a《アール》，**100m**の正方形の面積は１ha《ヘクタール》です。

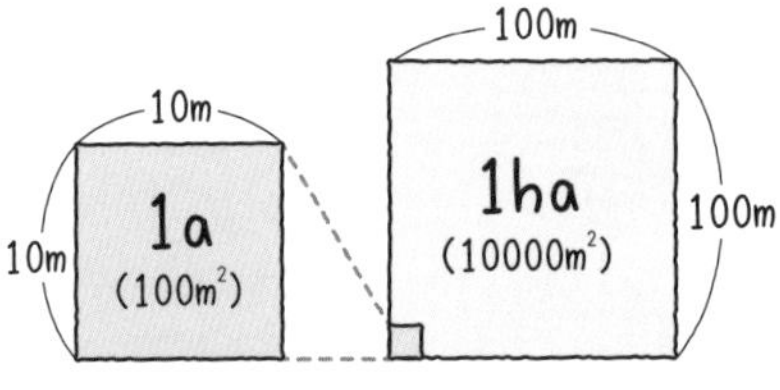
10m
10m
1a
($100m^2$)
100m
100m
1ha
($10000m^2$)

1ha＝100a
だね。

寝る前にもう一度

🌟面積は，となり合う辺《へん》のかけ合わせ。

🌙$100m^2$で1a。その100倍で1ha。

★今夜おぼえること

☆☆☆ これが大事！ 小数点をそろえて計算。

☾ ゴロ合わせ 気をつけろ！ 答えに霊《れい》(0)がついたり消えたり。

★今夜のおさらい

小数のたし算とひき算の筆算は、小数点をそろえて書き、計算します。

答えの小数点は、上の小数点にそろえてうちます。

例

小数点をそろえる。

```
  3.4 6          8.5 3
+ 1.9 2        - 4.2 7
-------        -------
  5.3 8          4.2 6
```

整数のたし算、ひき算と同じように計算。

上の小数点にそろえて答えの小数点をうつ。

答えの小数点より右の終わりの 0 は消します。

また、小数点より左に数がないときは、一の位《くらい》に 0 を書きます。

例

```
  4.2 3 6
+ 1.7 8 4
---------
  6.0 2 0
```

終わりの0は消す。

この0は消せない。

例

```
  4.1 0
- 3.5 2
-------
  0.5 8
```

0をつけたして考える。

0をわすれずに。

寝る前にもう一度

- これが大事！　小数点をそろえて計算。
- 気をつけろ！　答えに霊《れい》がついたり消えたり。

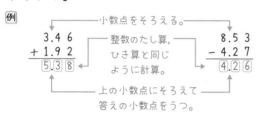

★今夜おぼえること

積《せき》の小数点は、かけられる数にそろえてうとう。

商もあまりも、小数点はわられる数にそろえてね。

算数

★今夜のおさらい

小数×整数の筆算では，小数点を考えないで計算し，かけられる数にそろえて，積《せき》の小数点をうちます。

例

　2.8 ←小数点を考えないで，右にそろえて書く。
×　3

　8.4 ←整数のかけ算と同じように計算。

←かけられる数にそろえて，積の小数点をうつ。

小数÷整数の筆算では，商やあまりの小数点は，わられる数の小数点にそろえてうちます。

例

2）7.9 の筆算

商　3.95

7.9 ←0をつけたして，わり算を続《つづ》ける。

6
19
18
10
10
0　わりきれた！

6）82.5 の筆算

商　13

6
22
18
4.5 ←商を一の位《くらい》まで求《もと》めてだしたあまり

寝る前にもう一度

- 積の小数点は，かけられる数にそろえてうとう。
- 商もあまりも，小数点はわられる数にそろえてね。

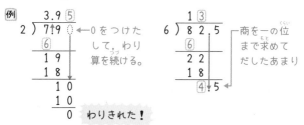

13. 分数

□　月　日
□　月　日

★今夜おぼえること

☆☆☆分母より分子小さい真分数《しんぶんすう》,

分子同じか大きいと仮分数《かぶんすう》,

整数ついてりゃ帯分数《たいぶんすう》。

☽分数のたし算とひき算,

分母そのまま分子を計算。

★今夜のおさらい

✪ 分子＜分母の分数を 真分数《しんぶんすう》 といいます。例 $\frac{1}{3}$, $\frac{2}{5}$

分子＝分母または分子＞分母の分数を 仮分数《かぶんすう》 といいます。例 $\frac{3}{3}$, $\frac{5}{4}$

整数と真分数の和で表されている分数を 帯分数《たいぶんすう》 といいます。例 $1\frac{1}{2}$, $2\frac{5}{6}$

☾ 分母が同じ分数のたし算とひき算は，分母 はそのままにして， 分子 だけをたしたりひいたりします。

例 3＋4

$$\frac{3}{5}+\frac{4}{5}=\frac{7}{5}\left(=1\frac{2}{5}\right)$$

7÷5＝1あまり2　$\frac{7}{5}=1\frac{2}{5}$

9－5

$$\frac{9}{7}-\frac{5}{7}=\frac{4}{7}$$

答えの$\frac{7}{5}$は，帯分数の$1\frac{2}{5}$になおすと，大きさがわかりやすいよ。

寝る前にもう一度

✪ 分母より分子小さい真分数，分子同じか大きいと仮分数，整数ついてりゃ帯分数。

☾ 分数のたし算とひき算，分母そのまま分子を計算。

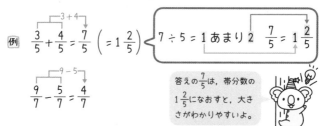

★今夜おぼえること

面の形に長方形ある直方体《ちょくほうたい》、

オール正方形で立方体《りっぽうたい》。

直(直方体)立(立方体)は、面が6つで辺《へん》12、

頂点《ちょうてん》8つででき上がり。

★今夜のおさらい

長方形だけか，長方形と正方形でかこまれた形を直方体《ちょくほうたい》といいます。

正方形だけでかこまれた形を立方体《りっぽうたい》といいます。

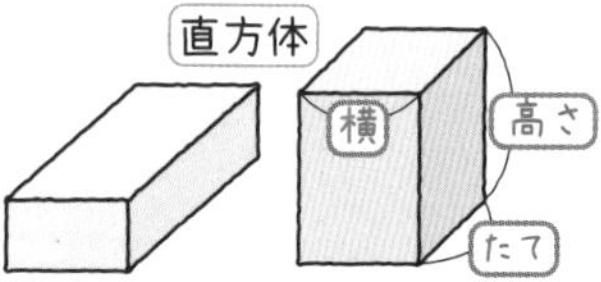

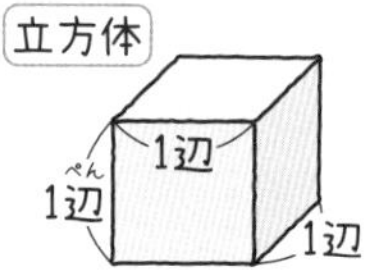

直方体や立方体の面，辺《へん》，頂点《ちょうてん》の数は，次のようになっています。

	面の数	辺の数	頂点の数
直方体	6	12	8
立方体	6	12	8

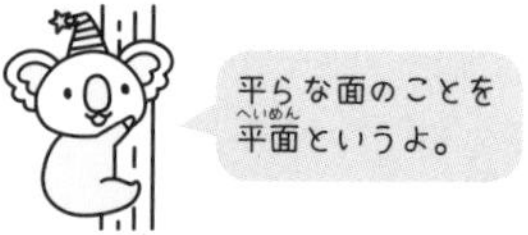

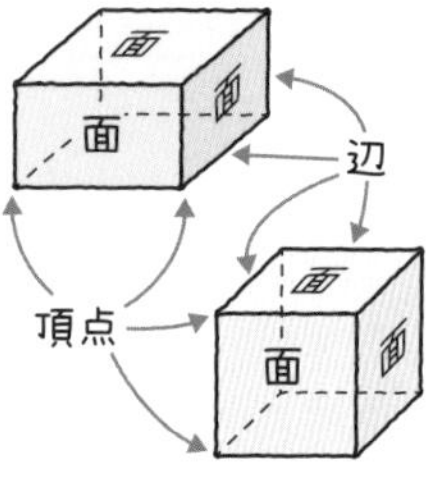

寝る前にもう一度

面の形に長方形ある直方体，オール正方形で立方体。

直 立は，面が 6 つで辺 12，頂点 8 つででき上がり。

★今夜おぼえること

ゴロ合わせ　ヘチマのたねは黒くて丸くて，どう<u>しよう</u>。

子葉《しよう》

ヘチマの葉3～4まいで，根もギュウギュウで植えかえよ。

★今夜のおさらい

ヘチマのたねは黒くて，丸い形をしています。小さなはちにたねをまき，土を軽くかぶせて水をやります。やがて，2まいの子《し》葉《よう》が出てきます。

ヘチマのたね

ヒョウタンのたね

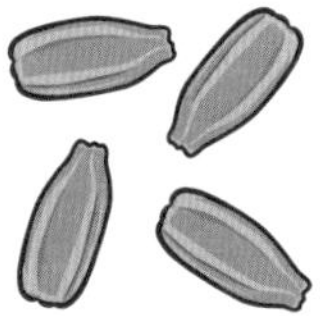

ヘチマの子葉

子葉

葉の数が3～4まいになったら，花だんなどに植えかえます。

植えかえのしかた

葉
やさしく
とり出す。
ささえ
のぼう
くきを
ひもで
ぼうに
とめる。
ひりょう

寝る前にもう一度

ヘチマのたねは黒くて丸くて，どうしよう。

ヘチマの葉3～4まいで，根もギュウギュウで植えかえよ。

★今夜おぼえること

温度計に風は○《まる》、日光は×《ばつ》！

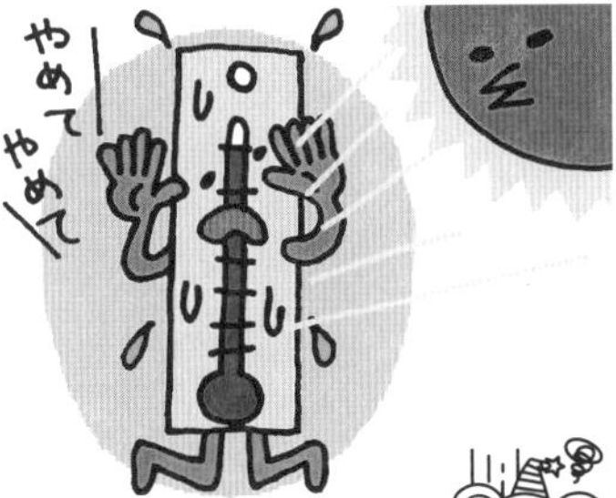

晴れは、気温でこぼこ。

くもりは、気温へいたん。

★今夜のおさらい

おおい
地面から
1.2〜1.5m
の高さ
風通しがよいところ

気温は，温度計に日光が当たらないようにしてはかります。

晴れの日の気温は朝夕が低《ひく》く，昼すぎに高くなり，1日の気温の変化《へんか》が大きいです。くもりや雨の日の気温の変化は小さいです。

●天気の決め方

晴　れ …青空が広がる。雲があっても青空が見える。

くもり …雲があって，青空がほとんど見えない。

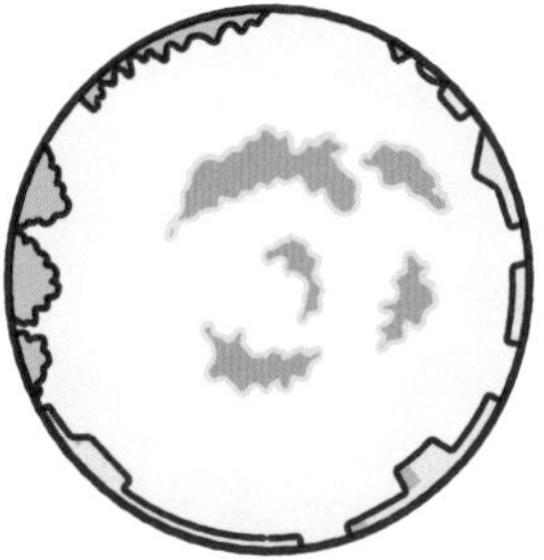

寝る前にもう一度

- 温度計に風は○，日光は×！
- 晴れは，気温でこぼこ。くもりは，気温へいたん。

★今夜おぼえること

電気の流れは電流《でんりゅう》、
通り道は回路。

回路1本は直列《ちょくれつ》つなぎ、
えだ分かれはへい列《れつ》つなぎ。

★今夜のおさらい

回路を流れる［電流《でんりゅう》］は，かん電池の［+《プラス》］極《きょく》からモーターを通って，かん電池の［−《マイナス》］極へ流れます。

かん電池の向きを変《か》えると，電流の向きが変わるよ。

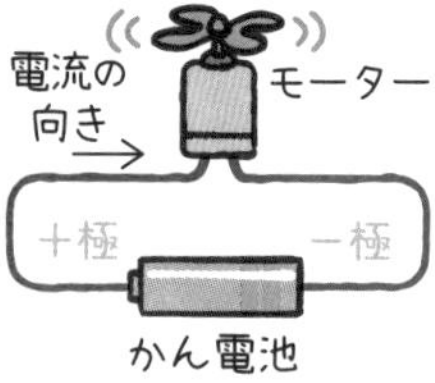
電流の向き
モーター
+極
−極
かん電池

かん電池の［直列《ちょくれつ》］つなぎ→電流の大きさは，かん電池1このときより［大きい］です。

かん電池の［へい列《れつ》］つなぎ→電流の大きさは，かん電池1このときと［同じ］くらいです。

かん電池2この直列つなぎ

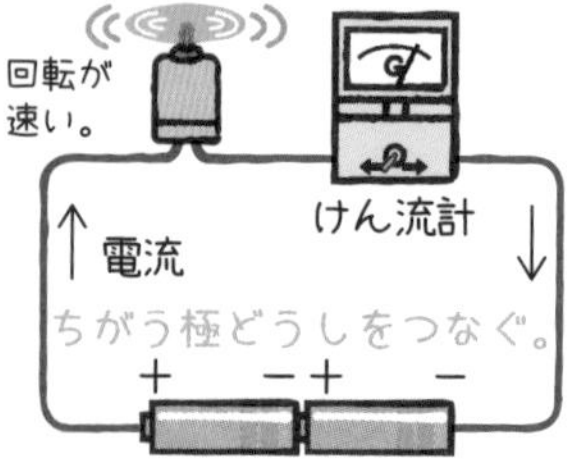
回転が速い。
けん流計
電流
ちがう極どうしをつなぐ。
+
−+
−

かん電池2このへい列つなぎ

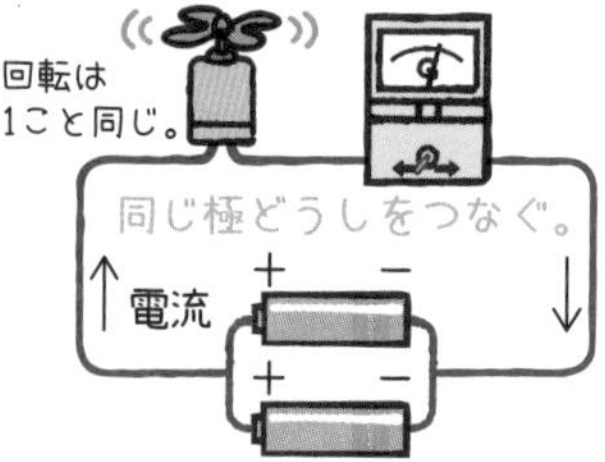
回転は1こと同じ。
同じ極どうしをつなぐ。
+
−
電流
+
−

寝る前にもう一度

- 電気の流れは電流，通り道は回路。
- 回路1本は直列つなぎ，えだ分かれはへい列つなぎ。

★今夜おぼえること

水《みず》！ 低《ひく》いところに集合!!

つぶが大きい，流れも大きい。

理科

★今夜のおさらい

雨水は高いところから，低《ひく》いところへ流れます。低いところに，水はたまります。

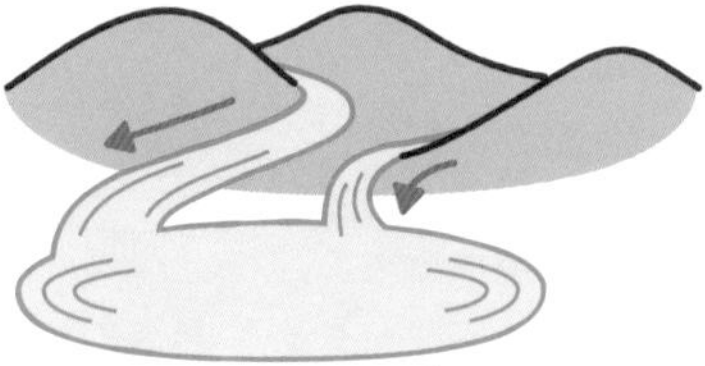

低いところに集まる。

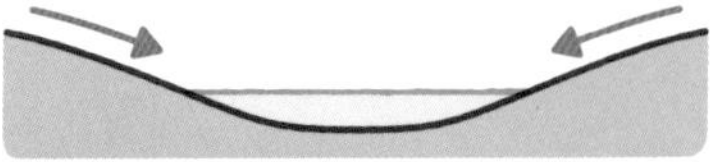

低いところにたまる。

水の地面へのしみこみ方は，土やすなのつぶの大きさで変《か》わります。つぶが 大きい ほうが，水はよく しみこみ ます。

つぶが大きい
＝
流れは大きい
＝
地面に
しみこむ
つぶが小さい
＝
流れは小さい
＝
地面に
しみこまない

寝る前にもう一度

- 水！　低いところに集合！！
- つぶが大きい，流れも大きい。

★今夜おぼえること

暑くなると，植物はよく育ち，動物はよく動く。

夏のアゲハはたまご，よう虫，さなぎ，成虫《せいちゅう》，みんないる。

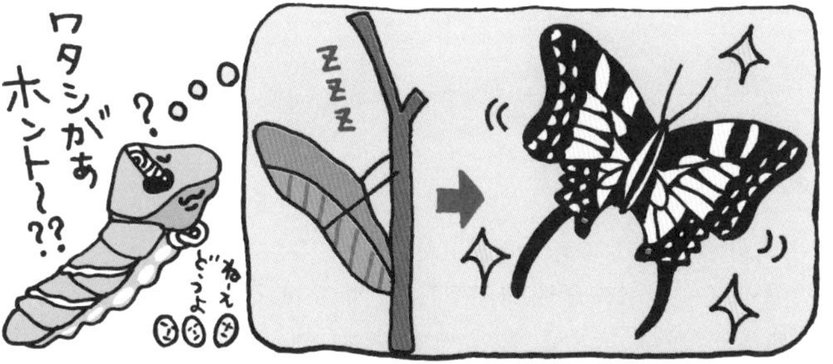

★今夜のおさらい

ひなに食べ物を運ぶ
ツバメの親鳥

暑くなると，植物は よく成長 し，動物は よく活動 します。

夏に見られるこん虫でナナホシテントウ，アゲハは，たまご，よう虫，さなぎ，成虫《せいちゅう》のすがたが見られます。

ナナホシテントウ

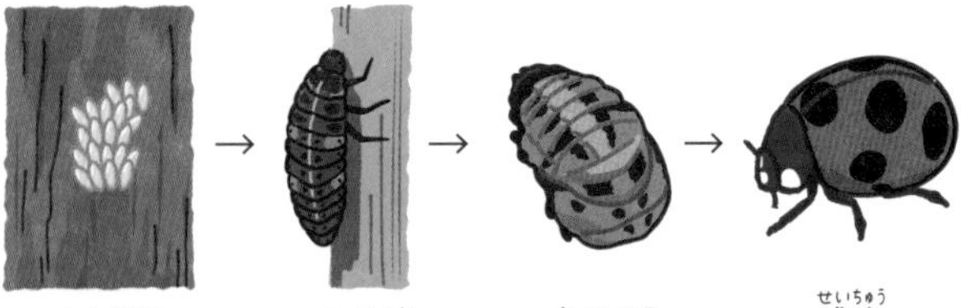

たまご → よう虫 → さなぎ → 成虫《せいちゅう》

アゲハ

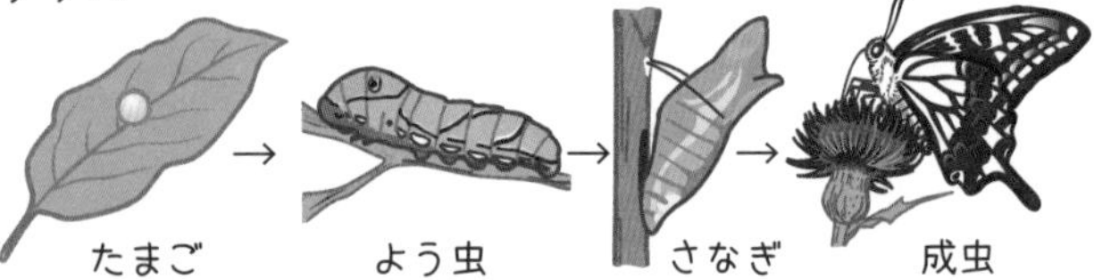

たまご → よう虫 → さなぎ → 成虫

寝る前にもう一度

- 暑くなると，植物はよく育ち，動物はよく動く。
- 夏のアゲハはたまご，よう虫，さなぎ，成虫，みんないる。

★今夜おぼえること

七夕《たなばた》のひこ星《アルタイル》とおりひめ星《ベガ》は1等星《とうせい》。

やっぱりわたしたちって
一番かがやいてるカップルなのねっ

星の動きは、東から西へ。

東
西
ハーイ
ハーイ
いどうしまーす

★今夜のおさらい

星は明るい順《じゅん》に，1等星《とうせい》，2等星，…と分けられます。

夏の大三角

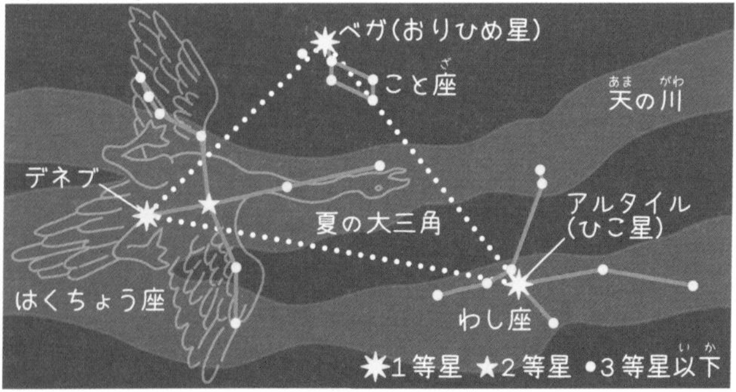
ベガ(おりひめ星)
こと座《ざ》
天《あま》の川《がわ》
デネブ
夏の大三角
アルタイル
(ひこ星)
はくちょう座
わし座
1等星
2等星
3等星以下《いか》

時間がたつと，星の位置《いち》は東から西へと，変《か》わりますが，星のならび方は変わりません。

はくちょう座の動き

東から西へと動く。

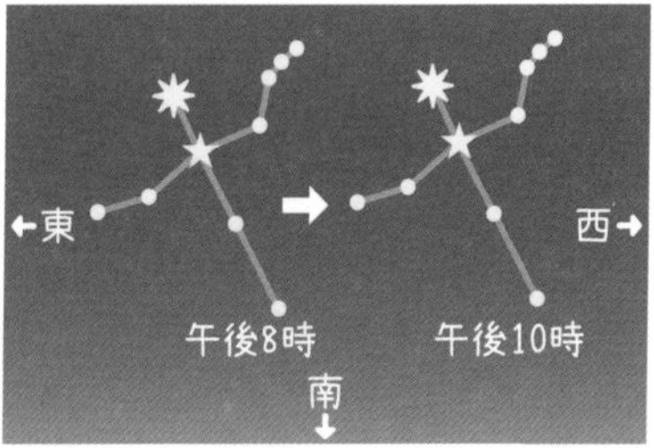
東
西
午後8時
午後10時
南

寝る前にもう一度

- 七夕のひこ星とおりひめ星は1等星。
- 星の動きは，東から西へ。

★今夜おぼえること

月は，東からのぼり，西にしずむ。

月も太陽も，東から西へ動くよ。

月の形がちがっても，動きは同じ。

★今夜のおさらい

月は，太陽と同じように，東からのぼり，南の空を通って西へ動きます。

どの形の月も，東から西へと動きます。

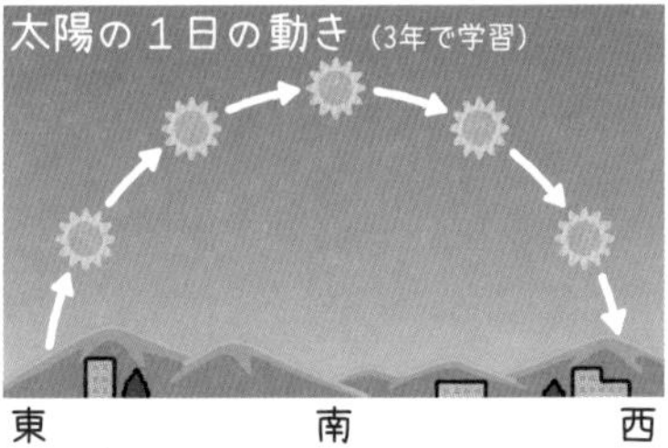

太陽の１日の動き（3年で学習）
東
南
西

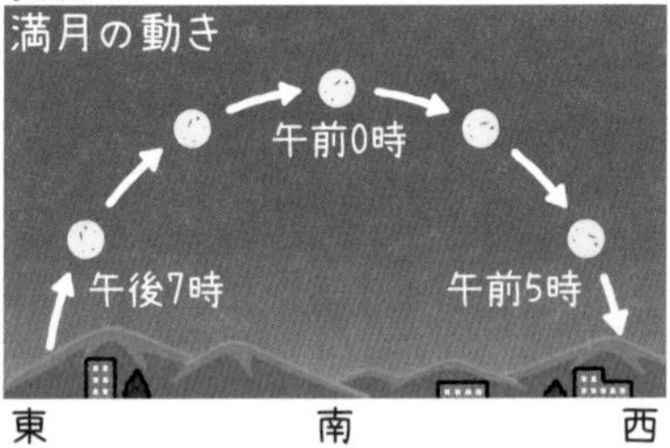

満月《まんげつ》の動き
午後7時
午前0時
午前5時
東
南
西

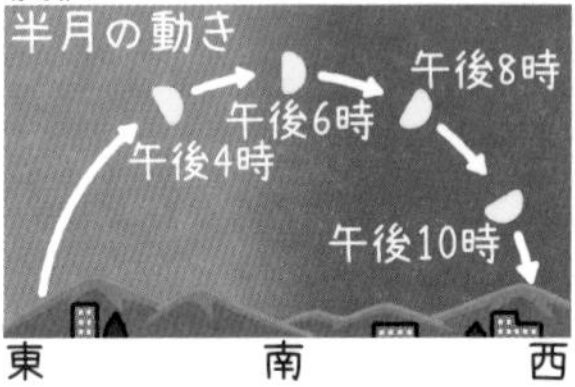

半月《はんげつ》の動き
午後4時
午後6時
午後8時
午後10時
東
南
西

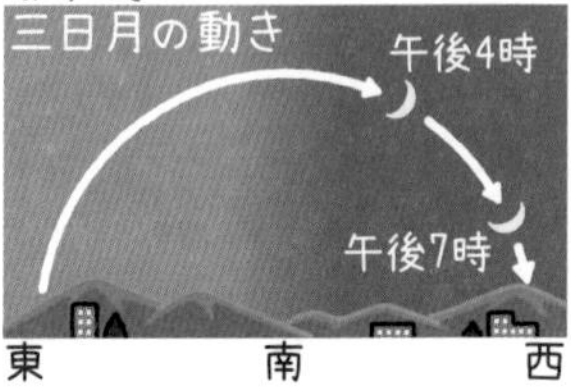

三日月《みかづき》の動き
午後4時
午後7時
東
南
西

月は，日によって見える形が変《か》わるよ。

寝る前にもう一度

- 月は，東からのぼり，西にしずむ。
- 月の形がちがっても，動きは同じ。

★今夜おぼえること

ゴロ合わせ　秋のヘチマチャーミーで、

茶色　実

よかったたね。

たね

秋はカマキリ，たまごプリプリ。

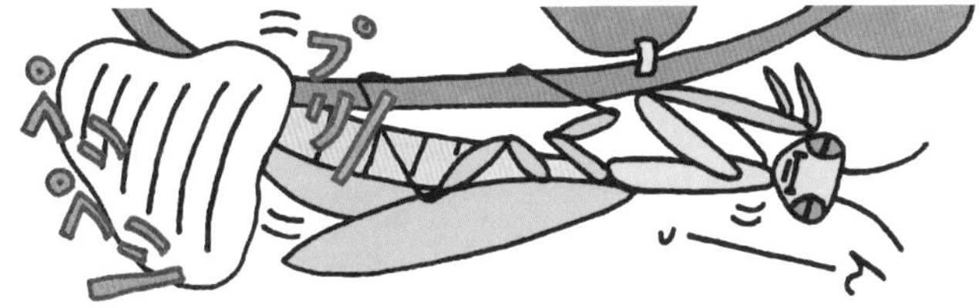

★今夜のおさらい

秋になると，気温が 低《ひく》く なり，ヘチマのくきや葉は茶色になってきます。実はじゅくして，中には たね がたくさんできています。

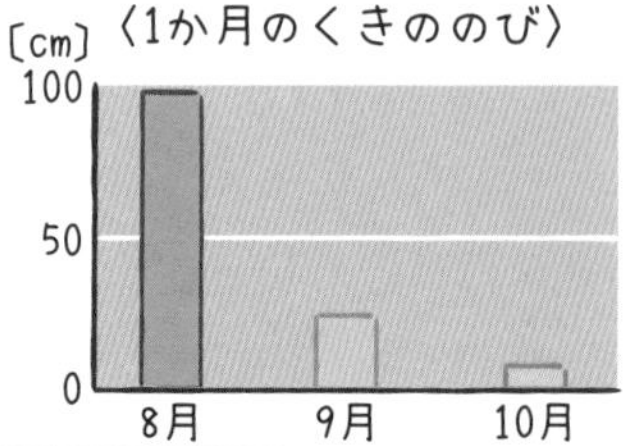
〔cm〕〈1か月のくきののび〉
100
50
0
8月
9月
10月

植物の葉はかれ落ちるよ

秋になると，オオカマキリが植物のくきなどに たまご をうんでいるようすが見られます。

オオカマキリ

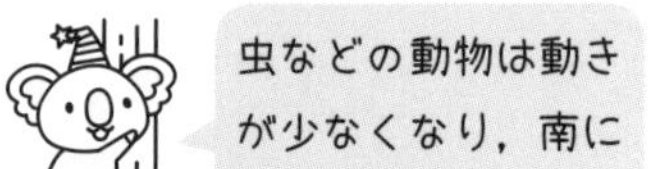
虫などの動物は動きが少なくなり，南にわたる鳥もいるよ。

寝る前にもう一度

秋のヘチマチャーミーで，よかったね。

秋はカマキリ，たまごプリプリ。

□ 月 日
□ 月 日

★今夜おぼえること

空気はちぢんで，おし返す。

おしても水はちぢまらない。

★今夜のおさらい

✪とじこめた空気をおすと，空気の体積《たいせき》は 小さく なります。体積が小さくなるほど，空気がもとの体積にもどろうとしておし返す力が 大きく なります。注しゃ器《き》のピストンをおす手をはなすと，ピストンはもとの位《い》置《ち》にもどります。

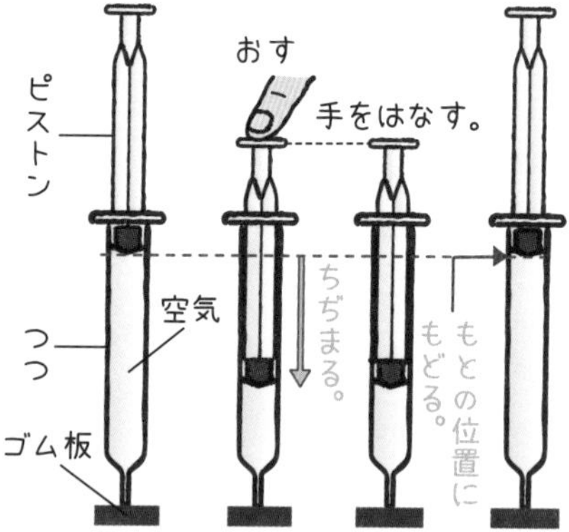

☾とじこめた水をおしても，水の体積は 変《か》わりません 。

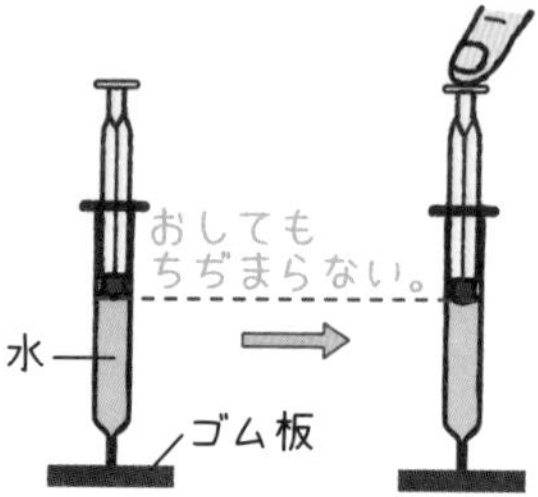

寝る前にもう一度

✪空気はちぢんで，おし返す。

☾おしても水はちぢまらない。

★今夜おぼえること

からだを動かすほねときん肉《にく》。

からだは曲がる関節《かんせつ》で。

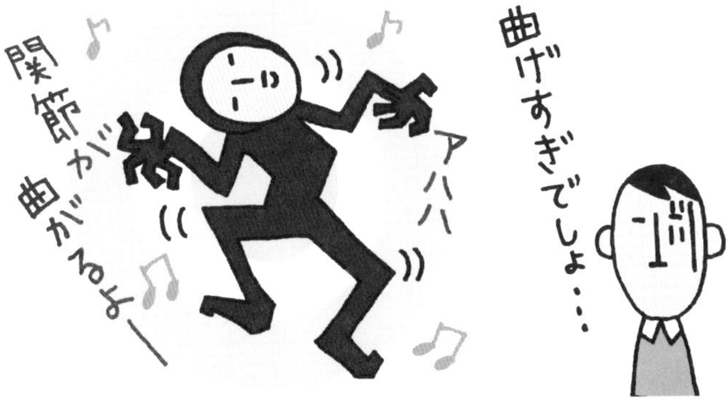

★今夜のおさらい

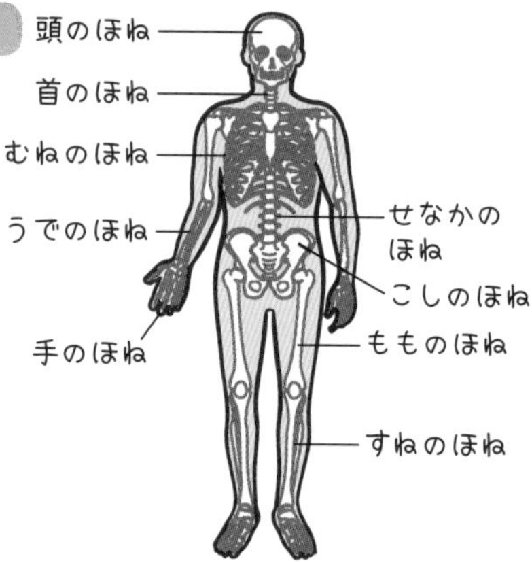
頭のほね
首のほね
むねのほね
うでのほね
手のほね
せなかのほね
こしのほね
もものほね
すねのほね

★からだには，かたいほねと，やわらかいきん肉《にく》があり，からだを動かしたり，ささえたりしています。

🌙うでやあしには，ほねとほねのつなぎめである関節《かんせつ》があり，この部分で曲げることができます。

関節ときん肉（うでを曲げたとき）

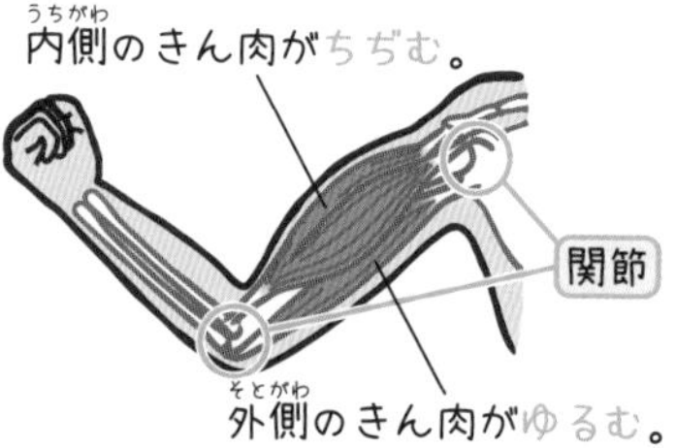
内側《うちがわ》のきん肉がちぢむ。
関節
外側《そとがわ》のきん肉がゆるむ。

うでをのばしたときは，内側のきん肉がゆるんで，外側のきん肉がちぢむよ。

寝る前にもう一度

★からだを動かすほねときん肉。

🌙からだは曲がる関節で。

★今夜おぼえること

☆あたためると大きくなり，
冷《ひ》やすと小さくなる空気の体積《たいせき》。

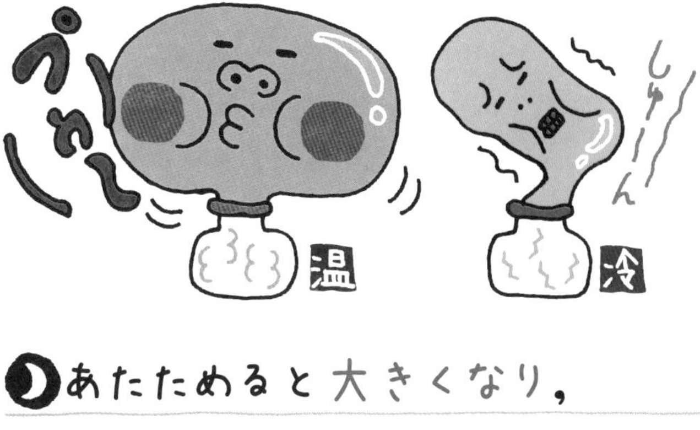

☾あたためると大きくなり，
冷やすと小さくなる水の体積。

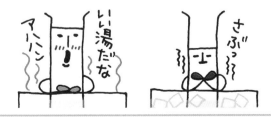

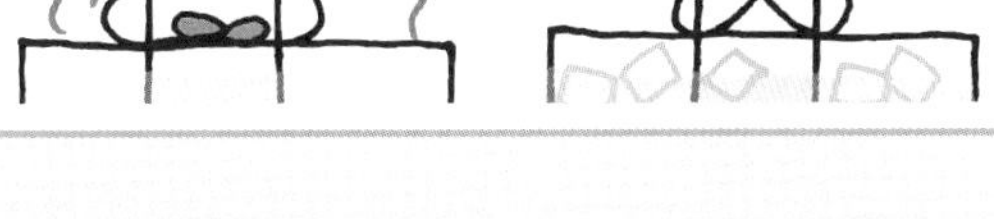

★今夜のおさらい

(星) 空気は，あたためると体積《たいせき》が 大きく なり，冷《ひ》やすと体積が 小さく なります。

(月) 水は，あたためると体積が大きくなり，冷やすと小さくなります。水の体積の変《へん》化《か》は，空気よりもずっと 小さい です。

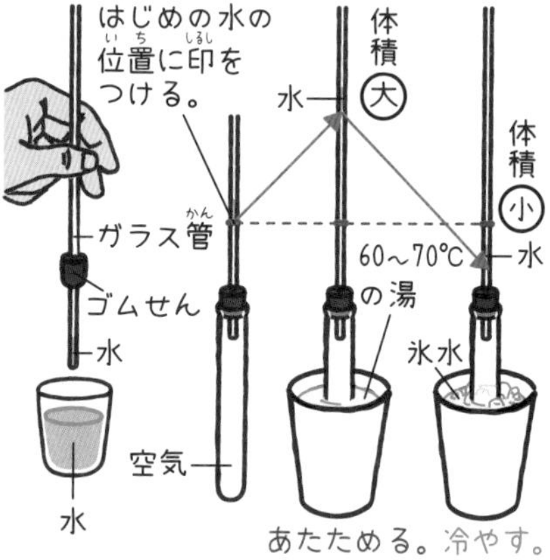
はじめの水の位置《いち》に印《しるし》をつける。
体積 大
水
体積 小
ガラス管《かん》
ゴムせん
水
60～70℃の湯
氷水
空気
水
あたためる。
冷やす。

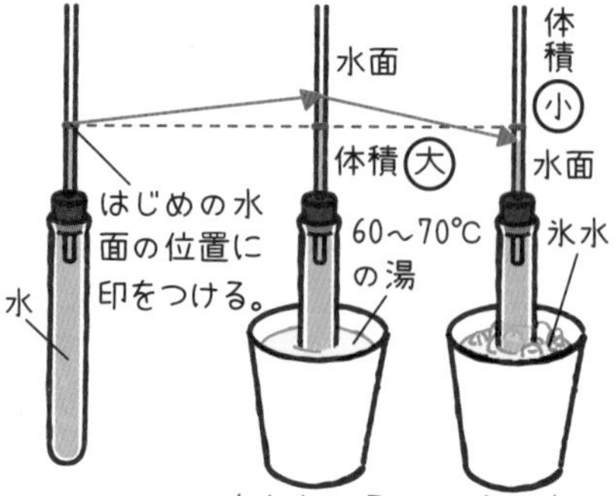
水面
体積 小
体積 大
水面
はじめの水面の位置に印をつける。
60～70℃の湯
氷水
水
あたためる。
冷やす。

寝る前にもう一度

- (星) あたためると大きくなり，冷やすと小さくなる空気の体積。
- (月) あたためると大きくなり，冷やすと小さくなる水の体積。

★今夜おぼえること

金ぞくは，熱《ねっ》したところからあたたまる。

水，空気，動きながらあたたまる。

★今夜のおさらい

金ぞくは，熱《ねっ》せられたところから熱《ねつ》が伝《つた》わり，順《じゅん》にあたたまっていきます。

金ぞくのぼう

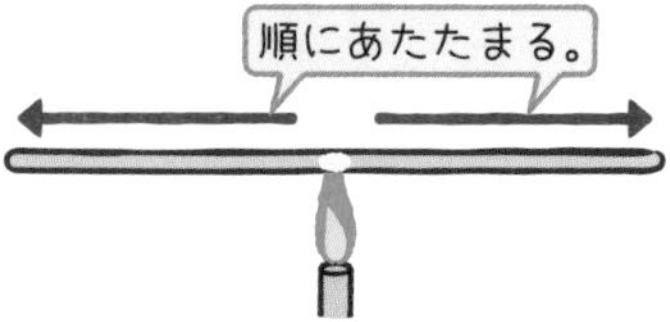
順にあたたまる。

金ぞくの板

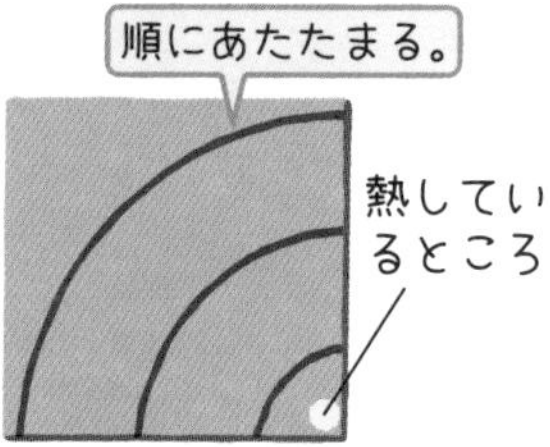
順にあたたまる。
熱しているところ

水や空気を熱すると，あたたまった水や空気が上に動き，上にある温度の低《ひく》い水や空気は下に動き，やがて全体があたたまっていきます。

水のあたたまり方

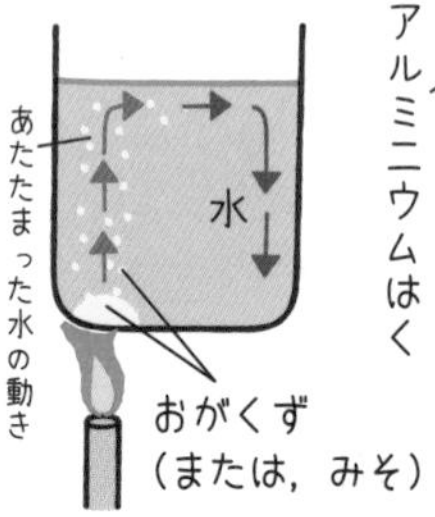
あたたまった水の動き
水
おがくず
（または，みそ）

空気のあたたまり方

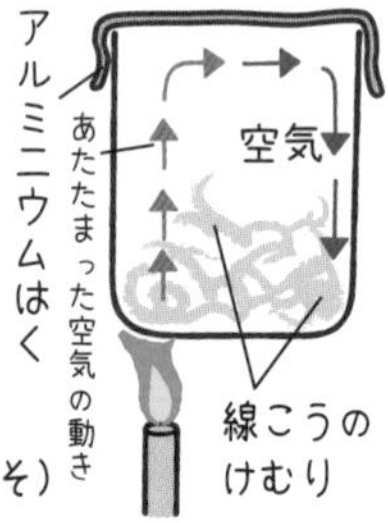
アルミニウムはく
あたたまった空気の動き
空気
線こうのけむり

寝る前にもう一度

- 金ぞくは，熱したところからあたたまる。
- 水，空気，動きながらあたたまる。

★今夜おぼえること

見えるえき体《たい》（湯気《ゆげ》）、見えない気体《きたい》（水《すい》じょう気《き》）。

ゴロ合わせ きみにきたい、えき体、なんてこったい！

（きたい＝気体、こったい＝固体《こたい》）

★今夜のおさらい

水は，温度が 100 ℃になるとふっとう し，熱《ねっ》し続《つづ》けてもそれ以上《いじょう》温度は上がりません。

水を熱したときのようす

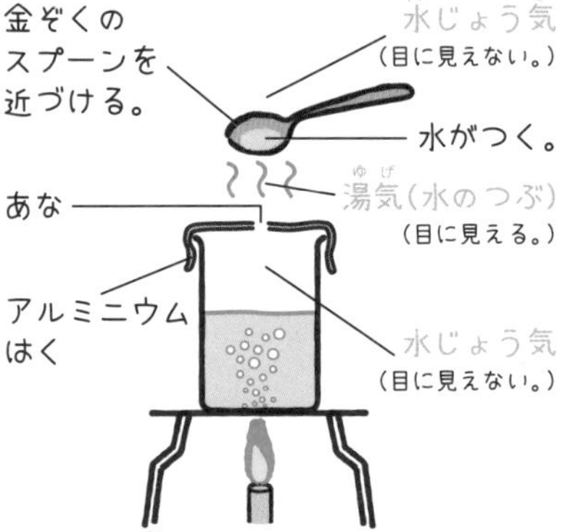

金ぞくのスプーンを近づける。
水《すい》じょう気《き》
（目に見えない。）
水がつく。
あな
湯気《ゆげ》（水のつぶ）
（目に見える。）
アルミニウムはく
水じょう気
（目に見えない。）

水は，あたためたり冷《ひ》やしたりして温度が変《か》わると，気体《きたい》（水じょう気），えき体《たい》（水），固体《こたい》（氷）にすがたを変えます。

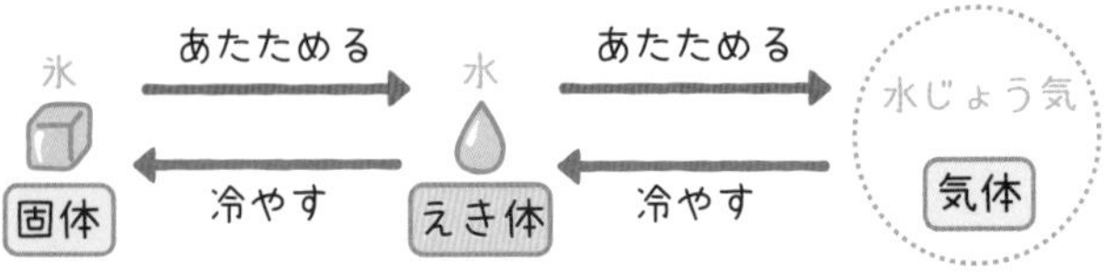

氷
固体
あたためる
冷やす
水
えき体
あたためる
冷やす
水じょう気
気体

寝る前にもう一度

- 見えるえき体（湯気），見えない気体（水じょう気）。
- きみにきたい，えき体，なんてこったい！

★今夜おぼえること

冬をこす，ヘチマはたねで，サクラはえだに芽《め》。

冬ごしは，アゲアゲ《アゲハ》さなぎ，カマカマ《オオカマキリ》たまご。

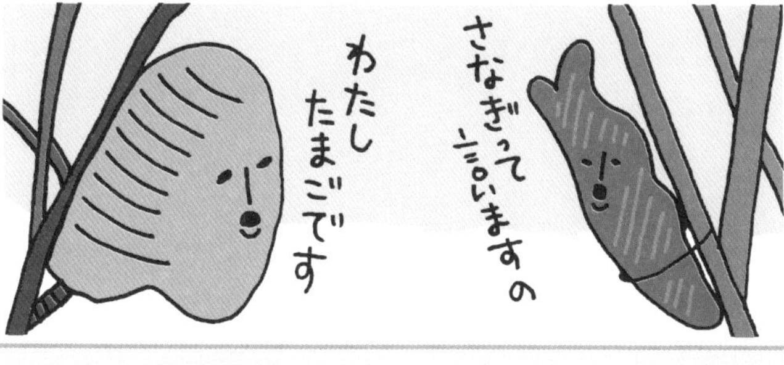

★今夜のおさらい

★冬になると，ヘチマやヒョウタンなどは たね を残《のこ》して，葉やくき， 根 はかれてしまいます。サクラなどは，葉を落としていますが，えだには 芽《め》 があり，かれていません。

ヘチマ

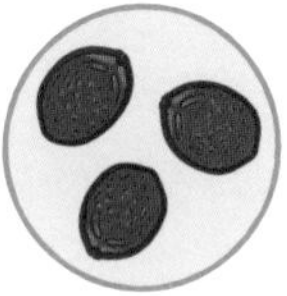

たね

サクラ

サクラの芽

☽こん虫の冬ごしのすがた

アゲハ

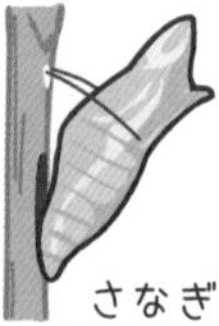

さなぎ

オオカマキリ

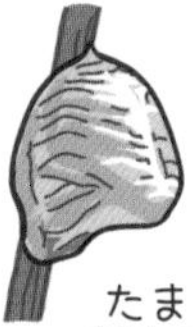

たまご
（らんのう）

ナナホシテントウ

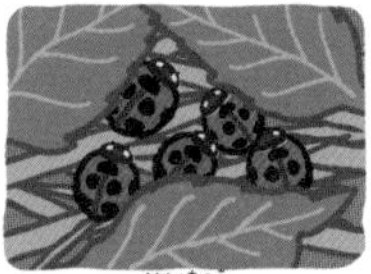

成虫《せいちゅう》

寝る前にもう一度

★冬をこす，ヘチマはたねで，サクラはえだに芽。

☽冬ごしは，アゲアゲさなぎ，カマカマたまご。

★今夜おぼえること

死なないで！

(47)

都《と》道《どう》府《ふ》県《けん》は47。

1都1道2府43県。

(い)　(い)　(に)　(しさん)

★今夜のおさらい

日本には、47の都道府県《とどうふけん》があります。

1都1道2府43県からなります。

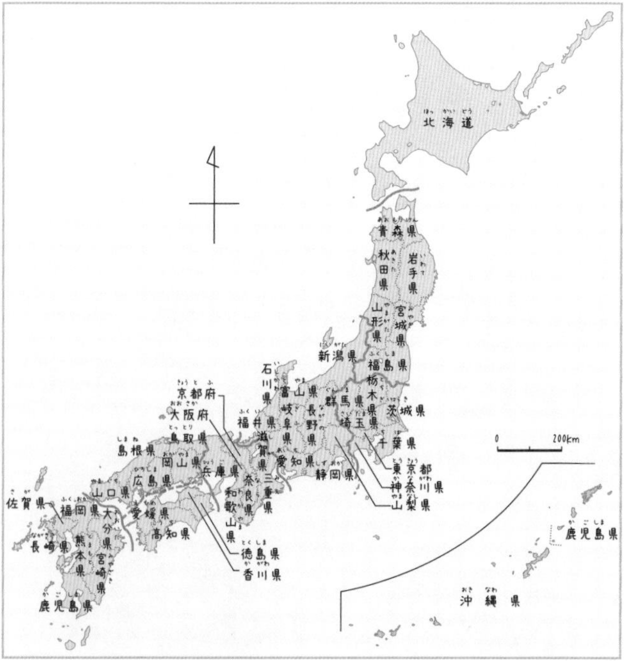

寝る前にもう一度

死な《(47)》ないで！　都道府県は47。

1《(い)》都1《(い)》道2《(に)》府43《(しさん)》県。

2. 等高線／7地方区分

□　月　日
□　月　日

★今夜おぼえること

等高線，せまいとキュッ（急）！広いとゆるーい山になる。

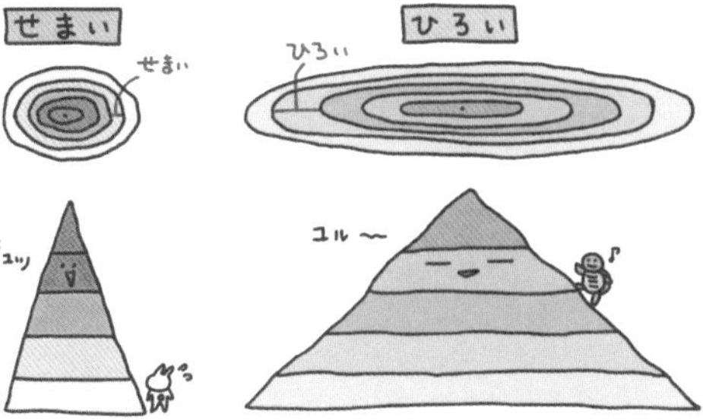

せまい
ひろい
せまい
ひろい
キュッ
ユル〜

7地方合体！ニホンレットー（日本列島）7《セブン》！

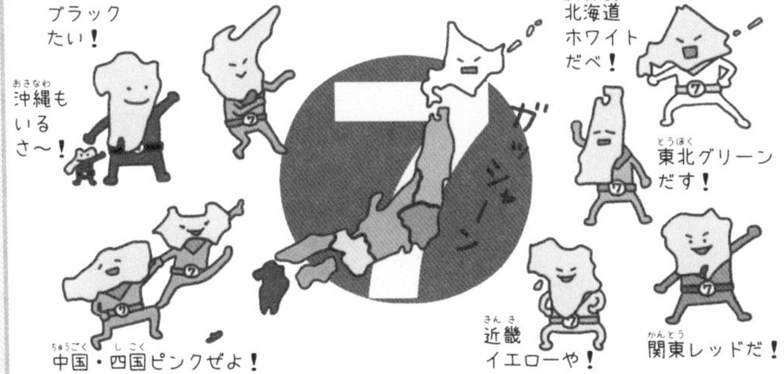

九州《きゅうしゅう》ブラックたい！
沖縄《おきなわ》もいるさ〜！
中部《ちゅうぶ》ブルーだがや！
北海道《ほっかいどう》ホワイトだべ！
ガッシャーン
東北《とうほく》グリーンだす！
中国《ちゅうごく》・四国《しこく》ピンクぜよ！
近畿《きんき》イエローや！
関東《かんとう》レッドだ！

★今夜のおさらい

🌟地図上に引かれた**等高線**の間かくから，**土地のかたむき**を読み取ることができます。

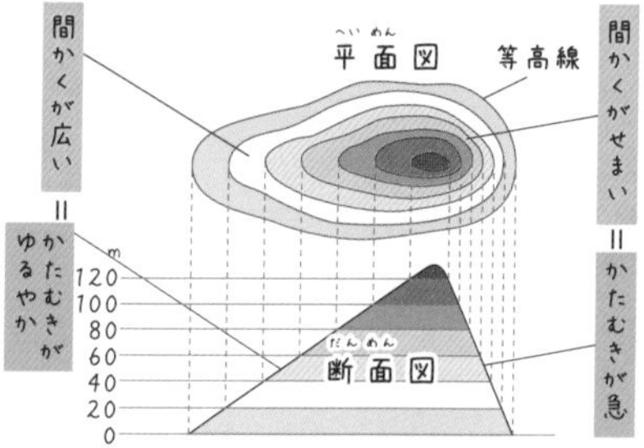
間かくが広い
＝
かたむきがゆるやか
平面図《へいめん》
等高線
間かくがせまい
＝
かたむきが急
m
120
100
80
60
40
20
0
断面図《だんめん》

🌙日本の都道《とどう》府県《ふけん》は，**7つ**の地方に分けることができます。（中国地方と四国地方を分けて8地方とする場合もあります。）

北海道《ほっかいどう》地方
中部《ちゅうぶ》地方
東北《とうほく》地方
中国《ちゅうごく》・四国《しこく》地方
関東《かんとう》地方
近畿《きんき》地方
九州《きゅうしゅう》地方

寝る前にもう一度

🌟等高線，せまいとキュッ(急)！　広いとゆるーい山になる。

🌙7地方合体！　ニホンレットー(日本列島)7《セブン》！

★今夜おぼえること

都道府県《とどうふけん》に1つ！県庁所在地《けんちょうしょざいち》。

（都道府県庁所在地）

京都《きょうと》府
は京都！
三重《みえ》県
は津《つ》！
三重県は
三重じゃないの？
都道府県の
名前とちがう
ところもあるよ

1番上の北海道《ほっかいどう》は

日本一でっかいどう！

バババァァーン
おお〜！
でか〜

★今夜のおさらい

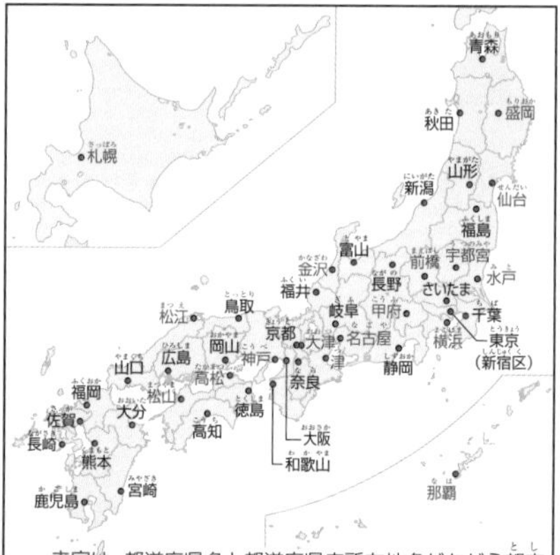

赤字は、都道府県名と都道府県庁所在地名がちがう都市《とし》

それぞれの都道府県《とどうふけん》には、政治《せいじ》の中心地となる都《と》道府県庁所《どうふけんちょうしょ》在地《ざいち》があり、都道府県名と都道府県庁所在地の都市名がちがう都道府県もあります。

北海道《ほっかいどう》は、日本で1番面積《めんせき》が大きい都道《とどう》府県《ふけん》です。じゃがいものさいばいやらく農などがさかんです。

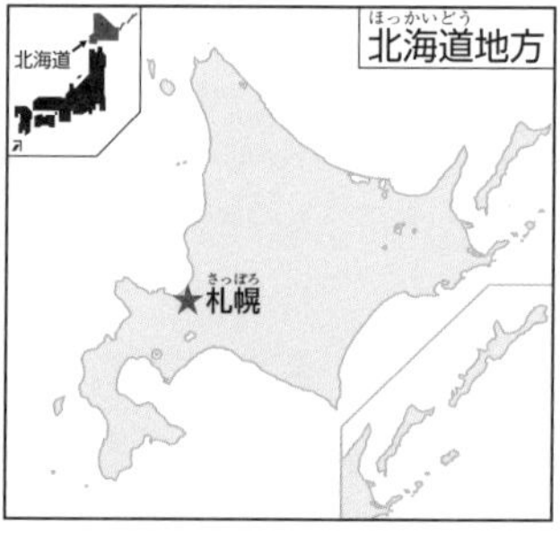

寝る前にもう一度

都道府県に1つ！　県庁所在地。

1番上の北海道は日本一でっかいどう！

□ 月 日
□ 月 日

★今夜おぼえること

りんご大好《す》き、青森《あおもり》ザウルス。

りんご
すき…

おしりがギザギザの海岸だよ、岩手《いわて》県。

おしりギザギザたぬき
リアス
海岸だよ

★今夜のおさらい

本州《ほんしゅう》の最《もっと》も北にある青森《あおもり》県は，りんごの生産量《せいさんりょう》が日本一です。

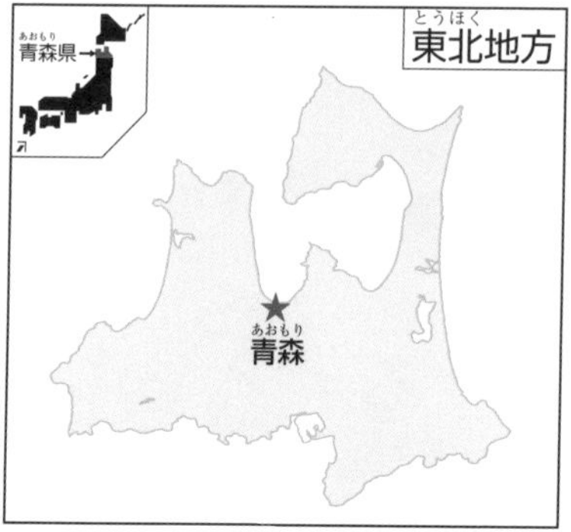

岩手《いわて》県は，面《めん》積《せき》が日本で2番目に大きい都《と》道《どう》府《ふ》県《けん》で，わかめやあわびの養《よう》しょくがさかんです。

寝る前にもう一度

りんご大好《す》き，青森ザウルス。

おしりがギザギザの海岸だよ，岩手県。

5. 宮城県／秋田県

□　月　日
□　月　日

★今夜おぼえること

🌟宮城《みやぎ》で七夕《たなばた》まつりだっちゃ。

チラ

🌙ゴロ合わせ　なまはげあきた。米食おう。

(秋田《あきた》)

えっ…
あきちゃったのかな？
なまはげだぞー!?
米《マジ》うめえ〜
がつがつ
米に夢中《むちゅう》→

★今夜のおさらい

★宮城県《みやぎけん》の県庁《けんちょう》所在地《しょざいち》の**仙台《せんだい》**市では、**七夕《たなばた》まつり**が行われます。

仙台七夕まつり▶

☽秋田《あきた》県では、**米づくり**がさかんで、**きりたんぽ**という郷土料理《きょうどりょうり》があります。

◀きりたんぽなべ

寝る前にもう一度

★宮城で七夕まつりだっちゃ。

☽なまはげあきた（秋田）。米食おう。

★今夜おぼえること

ゴロ合わせ　さくらんぼの山ガタガタ，

(山形)

山形《やまがた》県。

ゴロ合わせ　ももの服しま模様《もよう》，福島県《ふくしまけん》。

(福島《ふくしま》)

社会

今夜のおさらい

山形県《やまがた》は，さくらんぼの生産量《せいさんりょう》が日本一で，米づくりもさかんです。

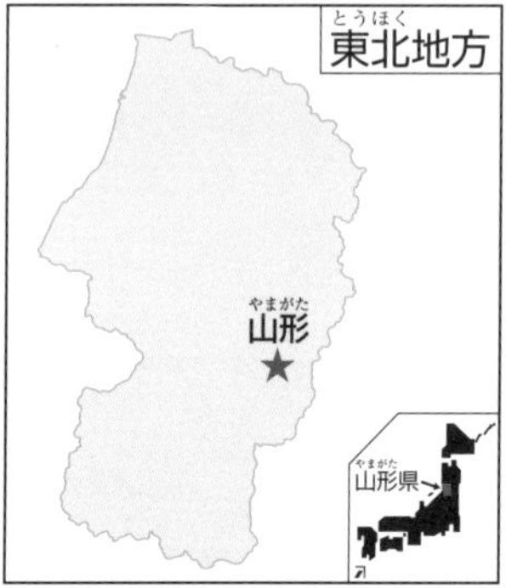

福島県《ふくしま》は，ももの生産がさかんです。会津塗《あいづぬり》という伝統《でんとう》的工芸品《てきこうげいひん》もあります。

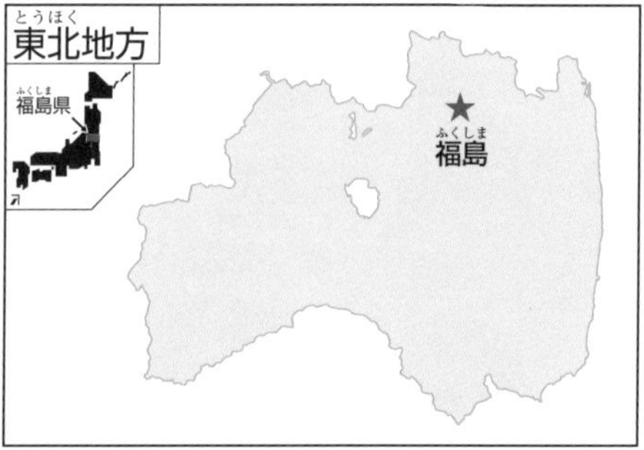

寝る前にもう一度

さくらんぼの山ガタ(山形)ガタ，山形県。

ももの服しま(福島)模様《もよう》，福島県。

★今夜おぼえること

ゴロ合わせ　茨城《いばらき》県のラッキーにゃんこ、

いばラッキー。
（茨城）

いばラッキー→
おいしそう
にゃん♪
太平洋《たいへいよう》

ゴロ合わせ　ちょっとちぎって
（栃木）
栃木《とちぎ》県。

ここ?
ビリッ
そうそう、
そこちぎって〜

★今夜のおさらい

茨《いばら》城《き》県は水《み》戸《と》納《なっ》豆《とう》で有名です。メロンなど野《や》菜《さい》のさいばいもさかんです。

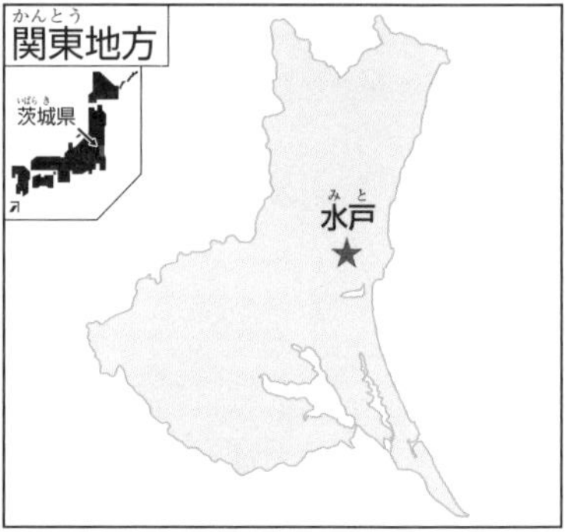

栃《とち》木《ぎ》県は，いちごやかんぴょうのさいばいがさかんです。世《せ》界《かい》文《ぶん》化《か》遺《い》産《さん》の日《にっ》光《こう》東《とう》照《しょう》宮《ぐう》があります。

寝る前にもう一度

- 茨城県のラッキーにゃんこ，いばラッキー（茨城）。
- ちょっととちぎ（栃木）って栃木県。

★今夜おぼえること

馬の群《む》れ，群馬《ぐんま》のキャベツを
（群馬）
食べにきた！

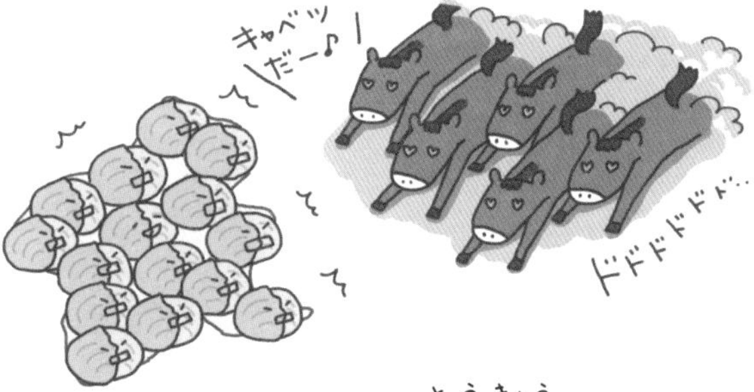

ゴロ合わせ さいた！まぁ！東京《とうきょう》の上に。
（埼玉《さいたま》）

社会

★今夜のおさらい

★群馬《ぐんま》県の嬬恋村《つまごいむら》では，キャベツなどの高原野菜《こうげんやさい》のさいばいがさかんです。

▼キャベツ畑

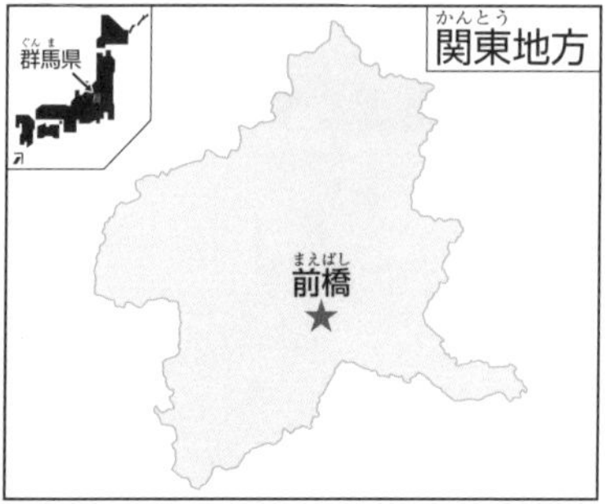

☾埼玉《さいたま》県では，ねぎやほうれんそうなどをさいばいして，都市部に出荷《しゅっか》する近郊農業《きんこうのうぎょう》がさかんです。

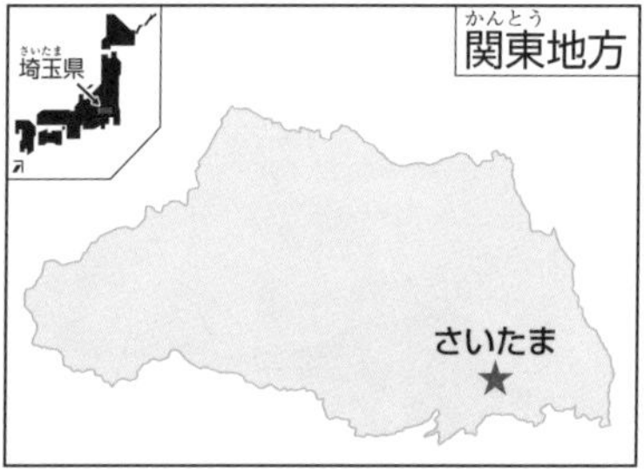

寝る前にもう一度

★馬の群《む》れ，群馬のキャベツを食べにきた！
(群馬)

☾さいた！まぁ！東京《とうきょう》の上に。
(埼玉)

9. 千葉県／東京都

□ 月 日
□ 月 日

★今夜おぼえること

★★★ ゴロ合わせ **千《ち》葉《ば》県に落下せい！**
（らっかせい）

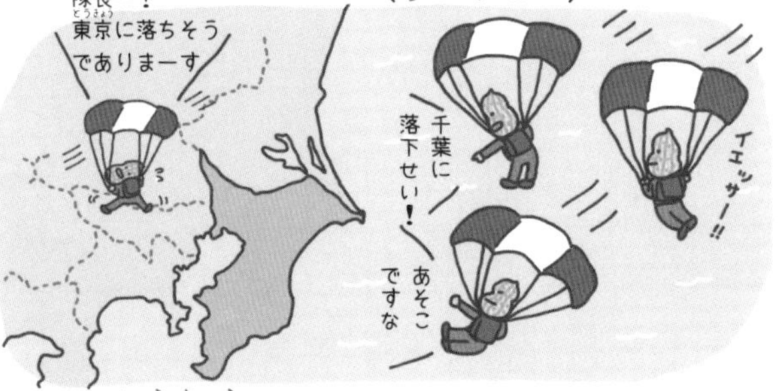

隊長《たいちょう》ー！
東京《とうきょう》に落ちそうでありまーす
千葉に落下せい！
あそこですな
イエッサー!!

☾ ゴロ合わせ **東京《とうきょう》都シューッと高いよ、**
（首都）

スカイツリー。

シュ
いいね〜
高いですなぁ〜
そーう？

★今夜のおさらい

🌟 千葉県《ちばけん》には、*日本最大《にほんさいだい》の空港である**成田国際空港《なりたこくさいくうこう》**があります。らっかせいやしょうゆの生産《せいさん》も有名です。

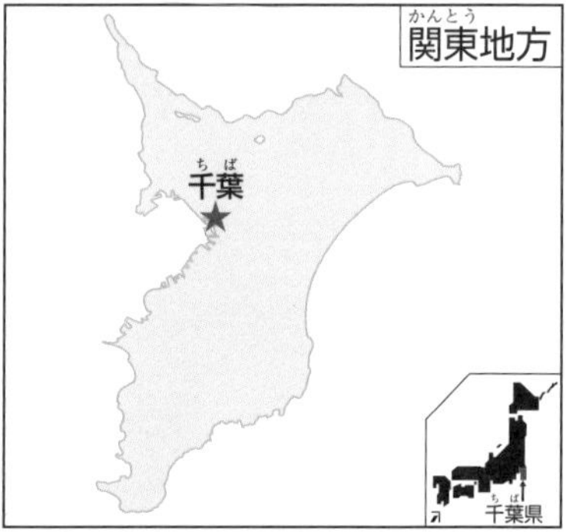
関東地方《かんとう》
千葉《ちば》
千葉県《ちば》

＊国際線《こくさいせん》の利用者数や貿《ぼう》易額《えきがく》が日本一です。

🌙 日本の**首都**である東京都《とうきょうと》は、政治《せいじ》や経済《けいざい》の中心地です。人口は日本で１番多く、会社やデパートが集まっています。

関東地方《かんとう》
★東京《とうきょう》
(新宿区《しんじゅくく》)
東京都《とうきょう》

(伊豆諸島《いずしょとう》や小笠原《おがさわら》諸島も東京都にふくまれています。)

寝る前にもう一度

🌟 千葉県に落下せい！
(らっかせい)

🌙 東京都シューッと高いよ，スカイツリー。
(首都)

★今夜おぼえること

ゴロ合わせ カナちゃんがいる神奈川《かながわ》、

東京《とうきょう》の下《（神奈川）》（南）。

新潟《にいがた》生まれの恐竜《きょうりゅう》くん、

雪にまみれて寒そうだ。

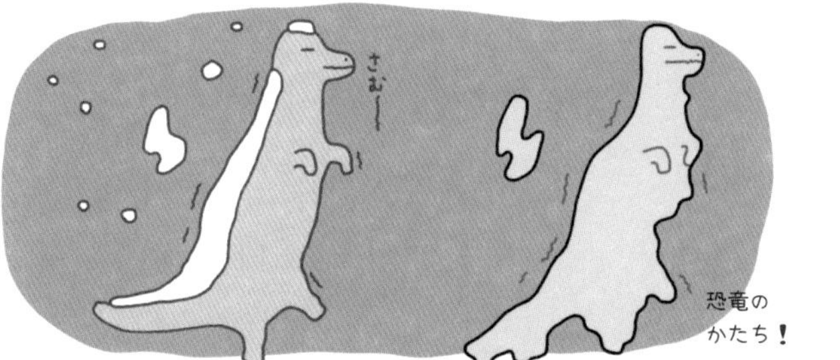

★今夜のおさらい

神奈川《かながわ》県の県庁所在地《けんちょうしょざいち》の 横浜《よこはま》 市には，中華街《ちゅうかがい》があり，しゅうまいが有名です。

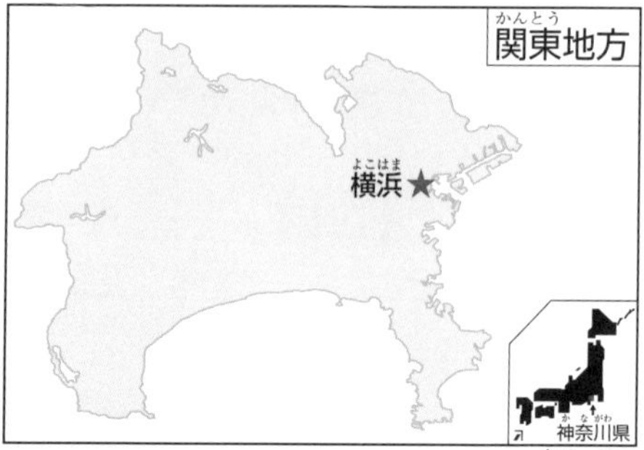
関東《かんとう》地方
横浜《よこはま》
神奈川県《かながわ》

新潟《にいがた》県は，ブランド米の コシヒカリ の産地《さんち》で，日本有数の米どころとなっています。

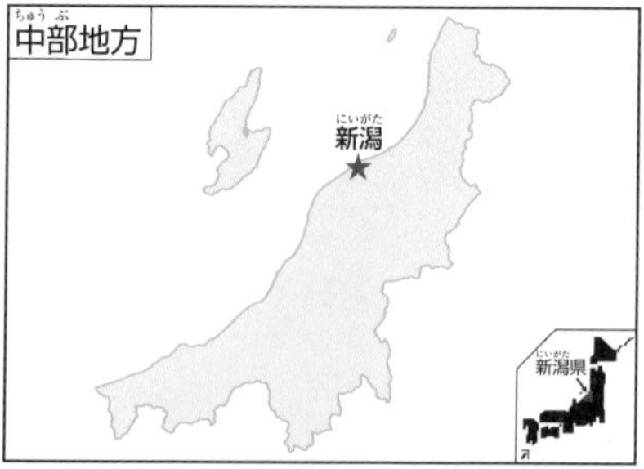
中部《ちゅうぶ》地方
新潟《にいがた》
新潟県《にいがた》

▲秋の田

寝る前にもう一度

カナちゃんがいる神奈川，東京《とうきょう》の下（南）。
(神奈川)
新潟生まれの恐竜《きょうりゅう》くん，雪にまみれて寒そうだ。

11. 富山県 / 石川県

□　月　日
□　月　日

★今夜おぼえること

🌟日本海《にほんかい》の水をガブ飲み！富山《とやま》県。

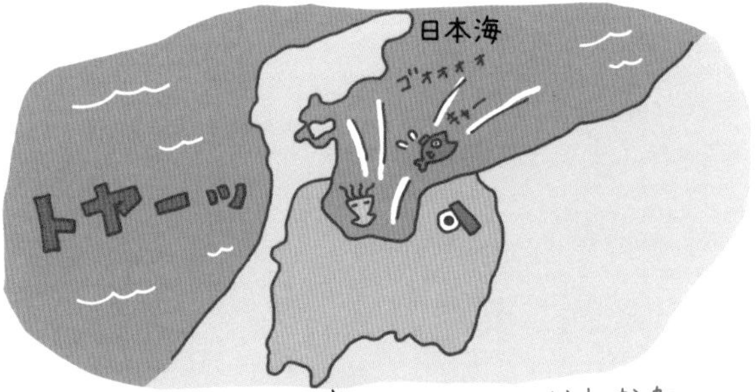

🌙びよーんと飛《と》び出す石川《いしかわ》県。

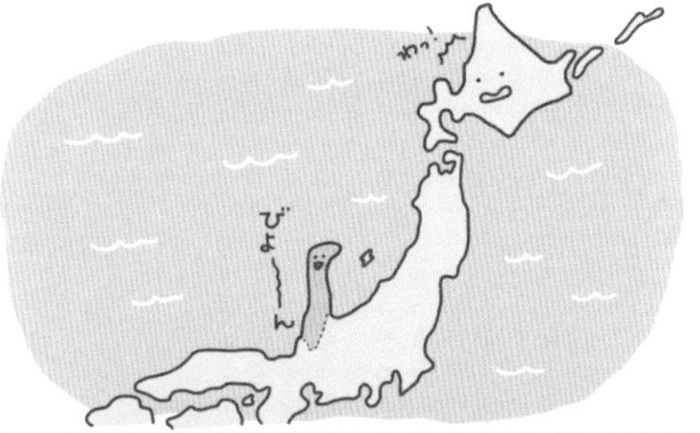

★今夜のおさらい

富山《とやま》県は、チューリップの球根の生産《せいさん》で有名です。

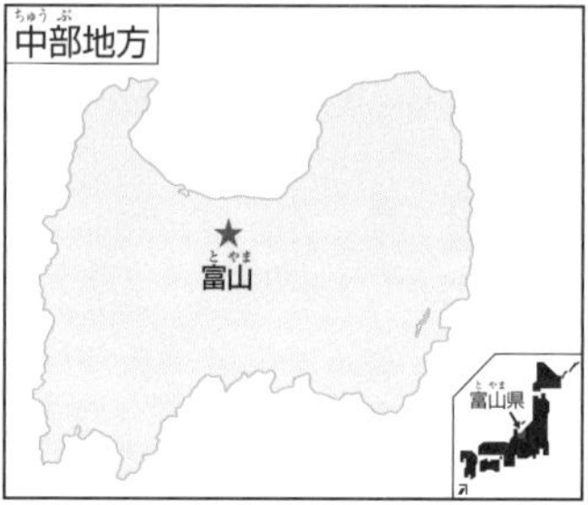

▲チューリップ畑

石川《いしかわ》県の県庁所《けんちょうしょ》在地《ざいち》の金沢《かなざわ》市には、長野《ながの》をへて東京《とうきょう》と結《むす》ぶ北陸《ほくりく》新幹線《しんかんせん》が通っています。

寝る前にもう一度

日本海《にほんかい》の水をガブ飲み！　富山県。

びよーんと飛《と》び出す石川県。

★今夜おぼえること

福《ふく》よぶうちわ、福《ふく》井《い》県。

山梨《やまなし》県、山はあるけど海はなし。

★今夜のおさらい

✪福井《ふくい》県の鯖《さば》江《え》市では，めがねわく（フレーム）の生産《せいさん》がさかんです。かにが多くとれることでも有名です。

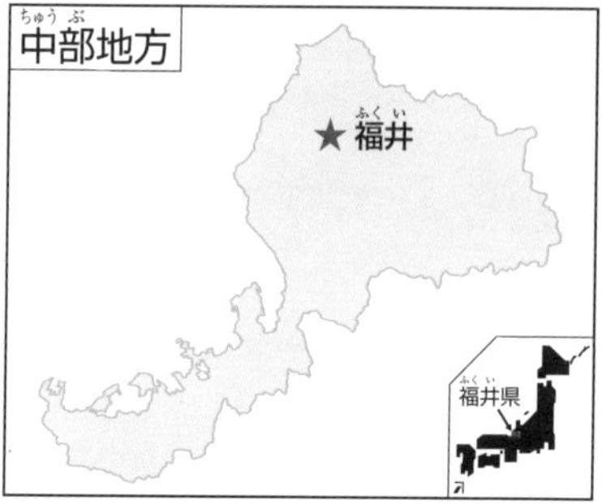

☽日本一高い富士山《ふじさん》など多くの山に囲《かこ》まれた山梨《やまなし》県は，ぶどうやももの生《せい》産量《さんりょう》が日本一です。

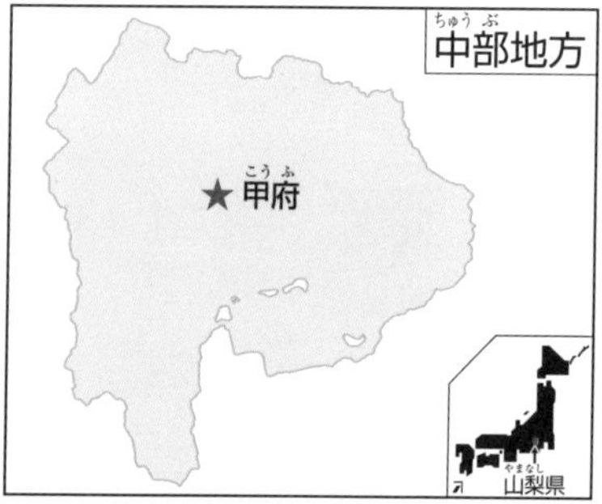

寝る前にもう一度

✪福よぶうちわ，福井県。

☽山梨県，山はあるけど海はなし。

13. 長野県／岐阜県

□　月　日
□　月　日

★今夜おぼえること

長野《ながの》くんは長ーい顔。

長野くんって顔ながいね
そーかな？
ながの

ゴロ合わせ 「ギフッギフッ（岐阜）」と岐阜《ぎふ》でダイエット。

ギフッ
ギフッ
ウエストやせるわよ！
じゃ
ん
キュッ
←注目！

社会

★今夜のおさらい

日本アルプス とよばれるけわしい山々が連《つら》なる長《なが》野《の》県では、レタスやはくさいなどの高原《こうげん》野菜《やさい》のさいばいがさかんです。

岐阜《ぎふ》県の白《しら》川郷《かわごう》には、世界《せかい》文化《ぶんか》遺産《いさん》に登録《とうろく》された合掌造《がっしょうづく》り集落があります。

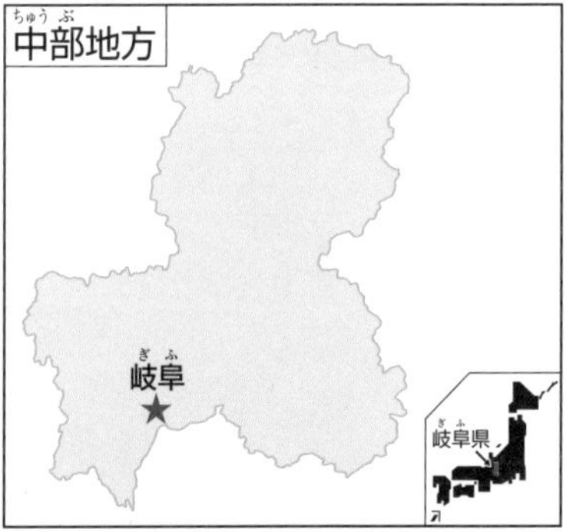

寝る前にもう一度

- 長野くんは長ーい顔。
- 「ギフッギフッ」と岐阜でダイエット。
  (岐阜)

★今夜おぼえること

ゴロ合わせ　**おっちゃん…シズオか？**

（お茶）　（静岡《しずおか》）

ゴロ合わせ　**「愛《あい》ちてる…！」**

（愛知《あいち》）

車大好《す》き，宇宙《うちゅう》人。

宇宙人のかたち！

★今夜のおさらい

静岡県《しずおか》は，お茶の生産量《せいさんりょう》が日本一で，

みかんのさいばいもさかんです。

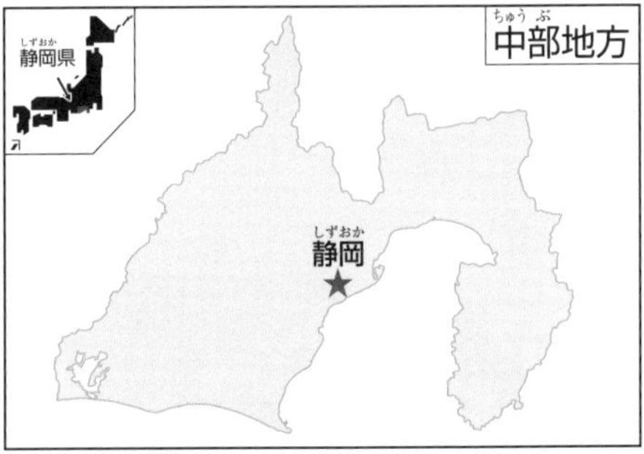

愛知《あいち》県は，自動車の生産《せいさん》がさかんで，

工業生産額《がく》は日本一です。

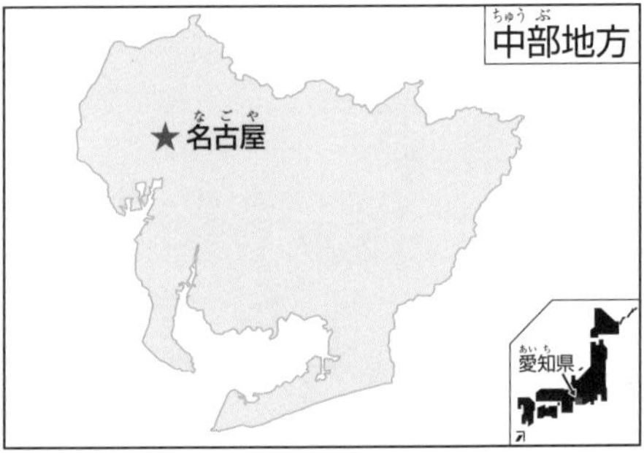

寝る前にもう一度

おっちゃん(お茶)…シズオか(静岡)？

「愛ち(愛知)てる…！」車大好《す》き，宇宙《うちゅう》人。

★今夜おぼえること

ゴロ合わせ あのワシ見えた？ 三重《みえ》だ！
（三重）

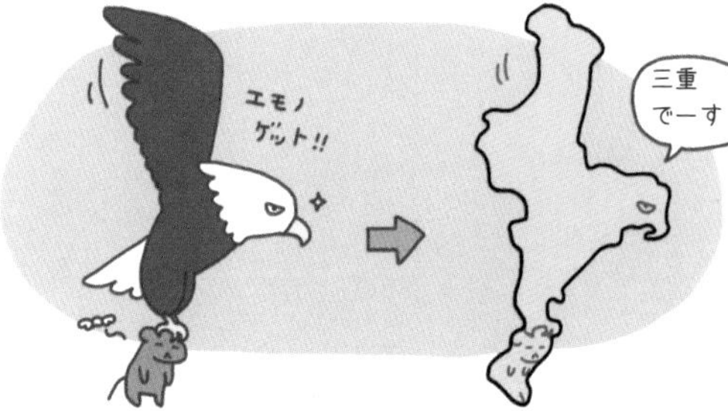

滋賀《しが》県に琵琶湖《びわこ》はあるけど海はない。

★今夜のおさらい

三重《みえ》県は、真珠《しんじゅ》の養《よう》しょくがさかんで、松阪《まつさか》牛《うし》はブランド牛として有名です。

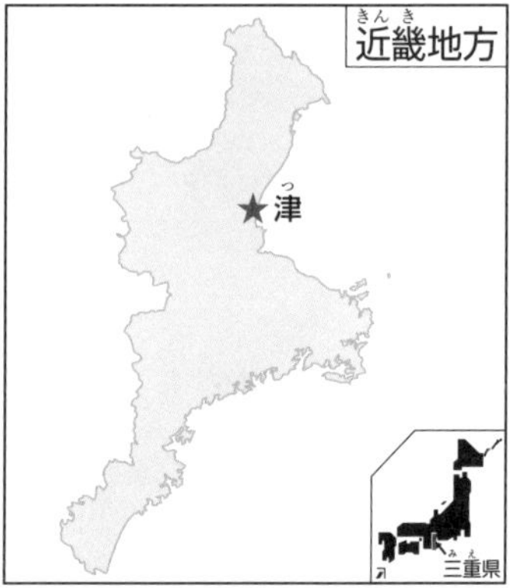

滋賀《しが》県には、日本最大《さいだい》の湖である琵琶湖《びわこ》があります。

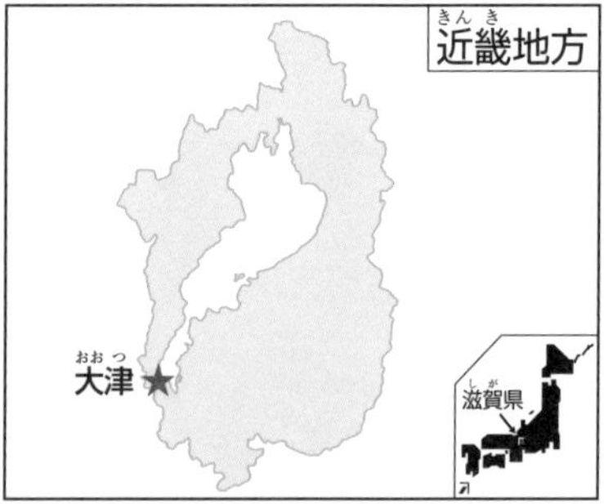

寝る前にもう一度

- あのワシ見え（三重）た？ 三重だ！
- 滋賀県に琵琶湖はあるけど海はない。

★今夜おぼえること

金閣《きんかく》キラリ！　昔の都，京都《きょうと》。

大阪《おおさか》は，しゃれたブーツの形やで。

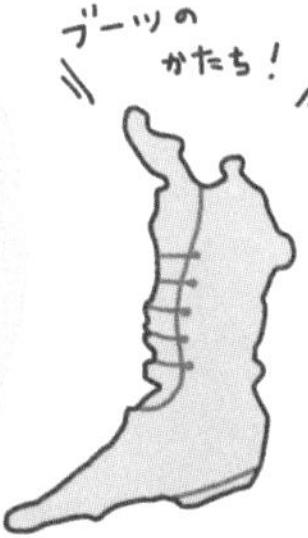

★今夜のおさらい

京都府《きょうとふ》は，歴史《れきし》ある建物《たてもの》や町なみが多く残《のこ》っており，世界的な観光地《かんこうち》です。

▼京都の町なみ

大阪府《おおさかふ》は，西日本の経済《けいざい》の中心地で，かつては「天下《てんか》の台所《だいどころ》」とよばれていました。

寝る前にもう一度

金閣《きんかく》キラリ！　昔の都，京都。

大阪は，しゃれたブーツの形やで。

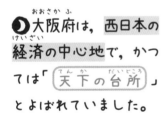

17. 兵庫県 / 奈良県

□　月　日
□　月　日

★今夜おぼえること

ヒョウくんが鼻をこしょこしょ、兵庫《ひょうご》県。

(兵庫)

花ふんしょうがつらいんです…
えー
ズルズル

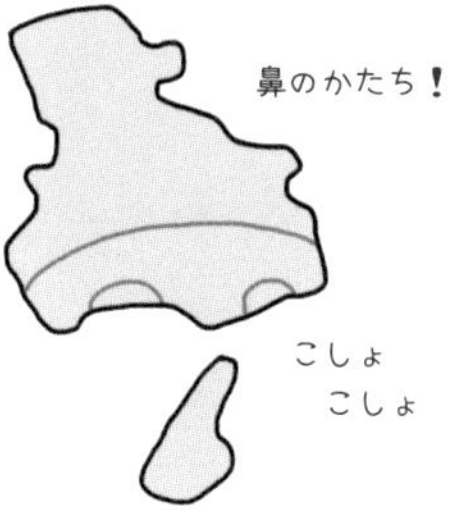

鼻のかたち！
こしょ
こしょ

ゴロ合わせ 鹿《しか》 見に行くなら、

(奈良)

奈良《なら》しかねえ!!

(鹿)

奈良しか
ない!!
しかは
奈良じゃ!!

社会

★今夜のおさらい

兵庫《ひょうご》県は、たまねぎや神戸《こうべ》牛《ぎゅう》の生産《せいさん》で有名です。世界《せかい》文化遺産《ぶんかいさん》の姫路城《ひめじじょう》もあります。

奈良《なら》県では、法隆寺《ほうりゅうじ》や東大寺《とうだいじ》など多くの寺院が、世界文化遺《せかいぶんかい》産《さん》に登録《とうろく》されています。

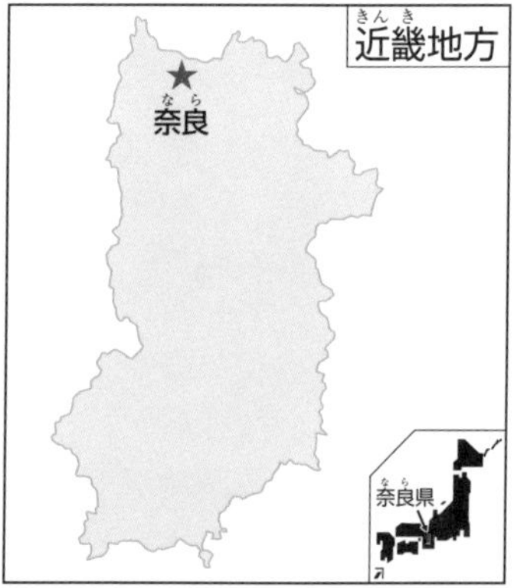

寝る前にもう一度

ヒョウ(兵庫)くんが鼻をこしょこしょ，兵庫県。

鹿《しか》　見に行くなら(奈良)，奈良しか(鹿)ねえ!!

★今夜おぼえること

うめを求《もと》めて和歌山《わかやま》へ。

でんぐり返しで行ってやる！

うめ
あと
ちょっとだ〜
ゴロン
ゴロン
ゴロン
でんぐり返し
のかたち！

ゴロ合わせ　鳥取《とっとり》で　鳥，取ってきて！

（鳥取）

鳥取砂丘《さきゅう》
えっ!?
もう歩けない
のよ！
乗せてって！
鳥を取るのじゃ
おじいちゃんの教え
ぐらっ
鳥ゲット!!

★今夜のおさらい

和歌山《わかやま》県は、みかんやうめのさいばいがさかんです。

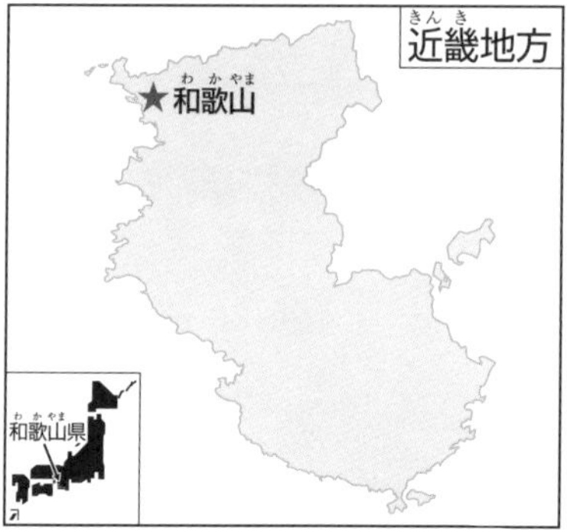

鳥取《とっとり》県は、日本なしのさいばいがさかんで、日本最大級《さいだいきゅう》の鳥取砂《さ》丘《きゅう》があります。

▲鳥取砂丘

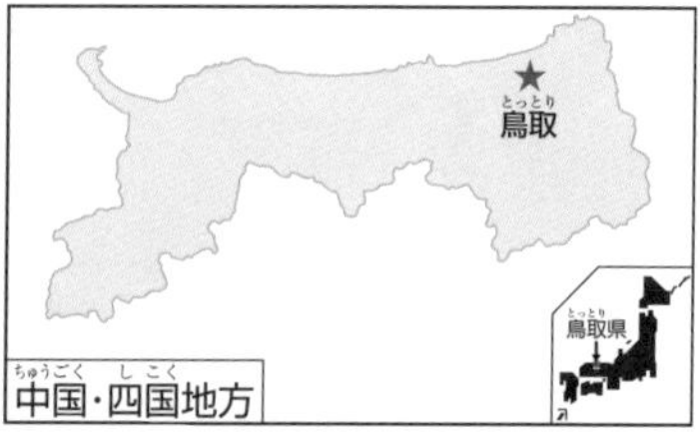

寝る前にもう一度

うめを求《もと》めて和歌山へ。でんぐり返しで行ってやる！

鳥取で　鳥，取（鳥取）ってきて！

19. 島根県／岡山県

□　月　日
□　月　日

★今夜おぼえること

★★★ ゴロ合わせ 島があるのに、

島ねぇ県。

（島根《しまね》）

ココニアルヨー
島ねぇじゃねえって島根だって！
しまね
ほら、あそこ

岡山《おかやま》県、近畿《きんき》地方が

気になってる。

見てます…
じーっ
な…なんやねん！

社会

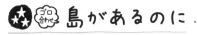

★今夜のおさらい

島根《しまね》県は，しじみ漁《りょう》がさかんです。また，出雲大社《いずもたいしゃ》《おおやしろ》があることで有名です。

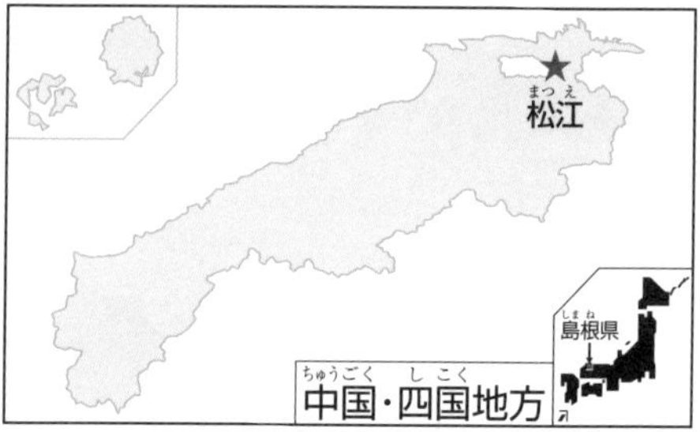

岡山《おかやま》県は，ももやマスカットなど，くだもののさいばいがさかんです。

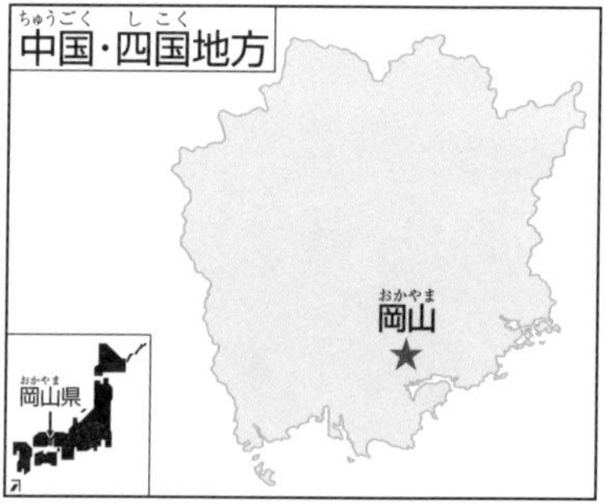

寝る前にもう一度

島があるのに島ねぇ(島根)県。

岡山県，近畿《きんき》地方が気になってる。

20. 広島県／山口県

□ 月 日
□ 月 日

★今夜おぼえること

広島《ひろしま》の かきをねらうブルドッグ。

四国《しこく》ににている！ 山口県《やまぐち》。

★今夜のおさらい

広島《ひろしま》県にある原爆《げんばく》ドームと厳島神社《いつくしまじんじゃ》は、世界文化《せかいぶんか》遺産《いさん》に登録《とうろく》されています。かきの養《よう》しょくもさかんです。

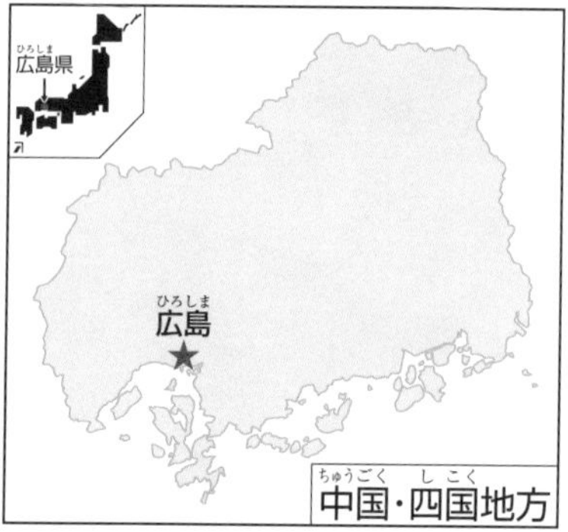

本州《ほんしゅう》の西のはしにある山口《やまぐち》県は、ふぐの水あげ量《りょう》が多いことで有名です。

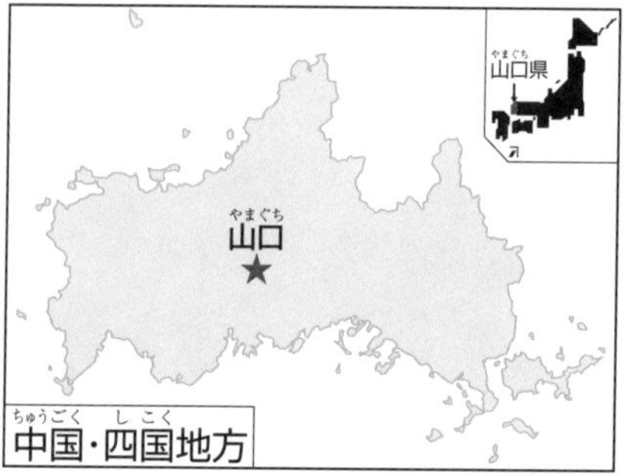

寝る前にもう一度

- 広島の かきをねらうブルドッグ。
- 四国ににている！ 山口県。

★今夜おぼえること

ゴロ合わせ **徳島《とくしま》はおどりが見られて得《とく》しまーす！**

（徳島）

阿波《あわ》おどり

ヨイヨイ
ヨイヨイ
えらいやっちゃ
えらいやっちゃ
得しました

ゴロ合わせ **蚊《か》がワニをねらってる！！**

（香川《かがわ》）

プーン
Zzz...

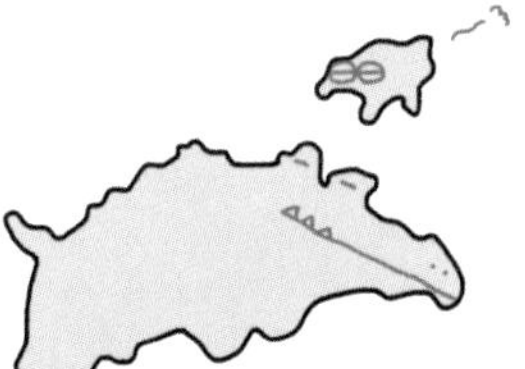

ワニのかたち！

★今夜のおさらい

徳島《とくしま》県と淡路《あわじ》島(兵庫《ひょうご》県)の間の鳴門海峡《なるとかいきょう》は，うず潮《しお》が見られることで有名です。

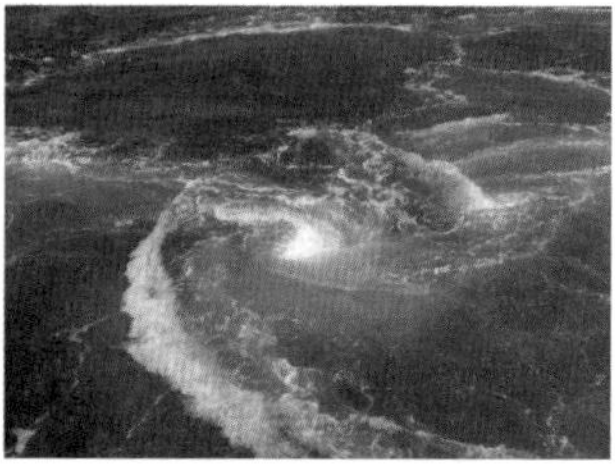

▲鳴門海峡のうず潮

中国《ちゅうごく》・四国《しこく》地方
徳島《とくしま》
徳島《とくしま》県

瀬戸内海《せとないかい》に面している香川《かがわ》県は，さぬきうどんやオリーブで有名です。

香川《かがわ》県
高松《たかまつ》
中国《ちゅうごく》・四国《しこく》地方

寝る前にもう一度

徳島はおどりが見られて得《とく》しまーす！
(徳島)

蚊《か》がワニをねらってる!!
(香川)

★今夜おぼえること

愛《え》媛《ひめ》のみかんがほしいのニャー。

みかんニャー
パシッ
みかんを
ゲットする
ねこのかたち！

ゴロ合わせ コーチ！　ブーメランが

(高知《こうち》)

飛《と》んできました！！

コーチ!!
ブーメランがぁぁ!!
シュル
シュル
なにぃっ!?
コーチ
ブーメランの
かたち!!

★今夜のおさらい

愛媛《えひめ》県では、段々畑《だんだんばたけ》でみかんやいよかんなどのさいばいがさかんに行われています。

▼段々畑

中国《ちゅうごく》・四国《しこく》地方
松山《まつやま》
愛媛《えひめ》県

太平洋《たいへいよう》に面している高知《こうち》県では、まぐろやかつおの水あげがさかんです。

▼水あげされたかつお

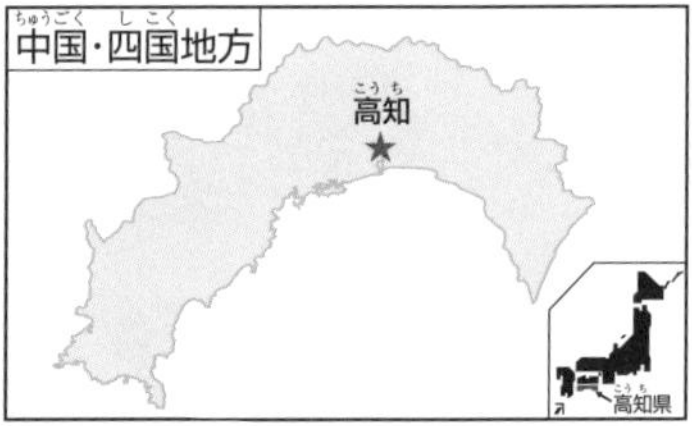
中国《ちゅうごく》・四国《しこく》地方
高知《こうち》
高知《こうち》県

寝る前にもう一度

- 愛媛のみかんがほしいのニャー。
- コーチ（高知）！　ブーメランが飛《と》んできました!!

★今夜おぼえること

★★★ ゴロ合わせ 九州《きゅうしゅう》の入口にいるのは…

フクオか？
（福岡《ふくおか》）

よく
きんしゃった
フ…
フクオか…!?
山口
入口
福岡

☾ ゴロ合わせ さがせ佐賀《さが》県，九州だワン！

（佐賀）

さがせー！
見つかった！
いたぞ！

社会

★今夜のおさらい

九州《きゅうしゅう》地方の中心地である福岡《ふくおか》県は、いちごの産地《さんち》として有名です。

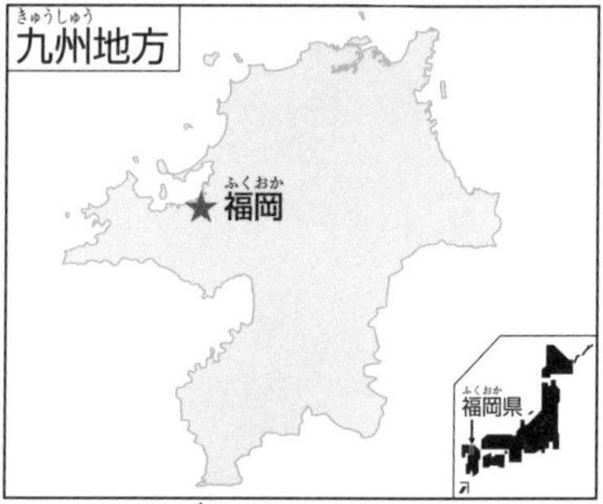

有明海《ありあけかい》に面している佐賀《さが》県は、のりの養《よう》しょくがさかんです。伊《い》万《ま》里《り》焼《やき》・有《あり》田《た》焼なども有名です。

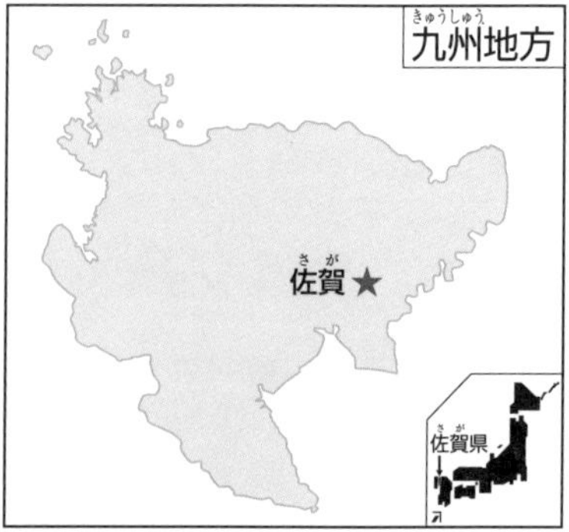

寝る前にもう一度

- 九州の入口にいるのは…フクオか(福岡)？
- さがせ(佐賀)佐賀県，九州だワン！

24. 長崎県 / 熊本県

□ 月 日
□ 月 日

★今夜おぼえること

長崎《ながさき》県，島，島，島だらけ！

「くま？あっそ」くまもっとおどろいてー！

(阿蘇《あそ》山)

(熊本《くまもと》)

社会

★今夜のおさらい

長崎《ながさき》県は，カステラが有名です。長崎《ながさき》くんちという祭りも行われます。

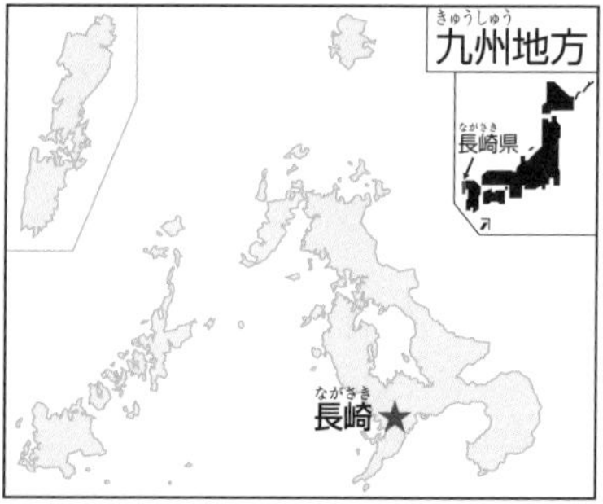

熊本《くまもと》県は，トマトやスイカなどの野菜《やさい》のさいばいがさかんです。たたみ表の原料《げんりょう》になるい草の生産量《せいさんりょう》が，日本一です。

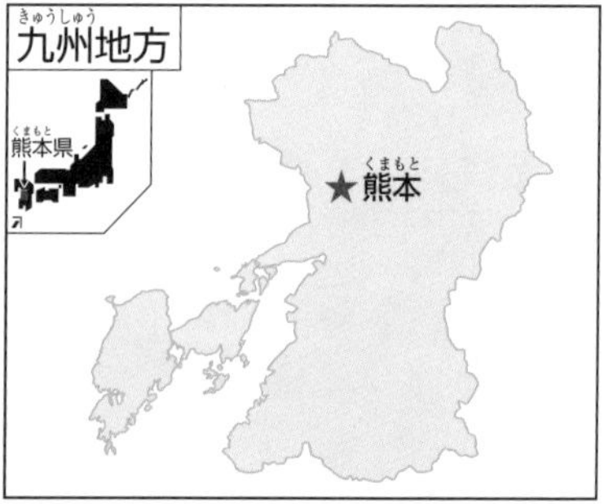

寝る前にもう一度

長崎県，島，島，島だらけ！

「くま？ あっそ（阿蘇山）」くまもっと（熊本）おどろいてー！

25. 大分県／宮崎県

□　月　日
□　月　日

★今夜おぼえること

ゴロ合わせ　あじとさば，ゴツンとげきとつ，

おーイタタ！

(大分《おおいた》)

宮崎《みやざき》県

まっすぐ

背筋《せすじ》を

のばしてる。

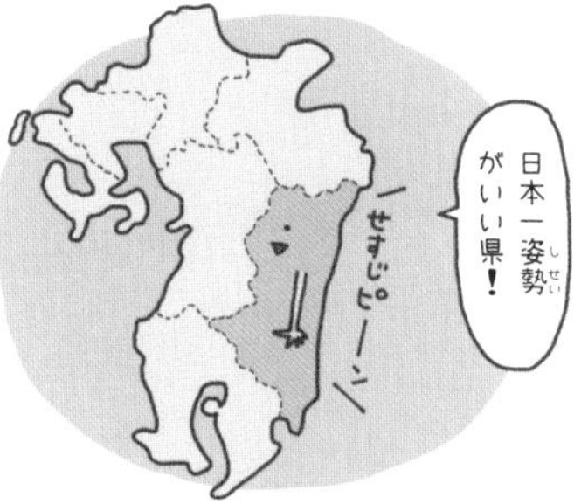

社会

★今夜のおさらい

大分県《おおいた》は，かぼすやしいたけが有名です。温泉《おんせん》が多いことでも知られています。あじとさばが有名です。

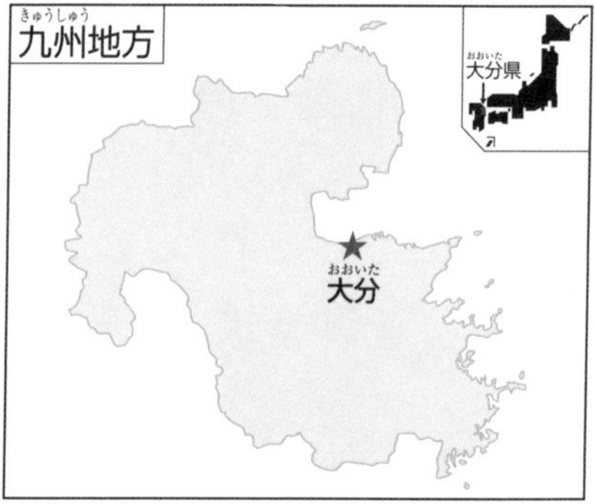

宮崎《みやざき》県はピーマンやマンゴーのさいばいや，牛やぶた，にわとりなどを飼育《しいく》する畜産《ちくさん》がさかんです。

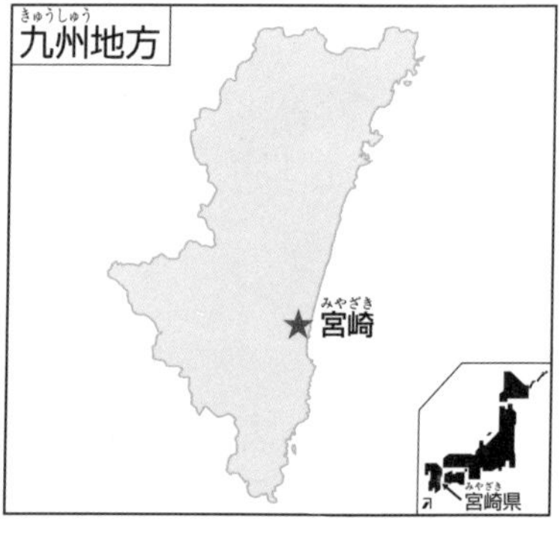

寝る前にもう一度

- あじとさば，ゴツンとげきとつ，おーイタタ！（大分）
- 宮崎県まっすぐ背筋《せすじ》をのばしてる。

26. 鹿児島県 / 沖縄県

□　月　日
□　月　日

★ 今夜おぼえること

ゴロ合わせ ぬいだズボンとくつ下は、ちゃんといつものカゴしまえ。

(鹿児島《かごしま》)

ゴロ合わせ ナハナハ！南の島は沖縄《おきなわ》県！

(那覇《なは》)

★今夜のおさらい

さつまいものさいばいがさかんな鹿児島県《かごしま》には、桜島《さくらじま》など多くの火山があります。

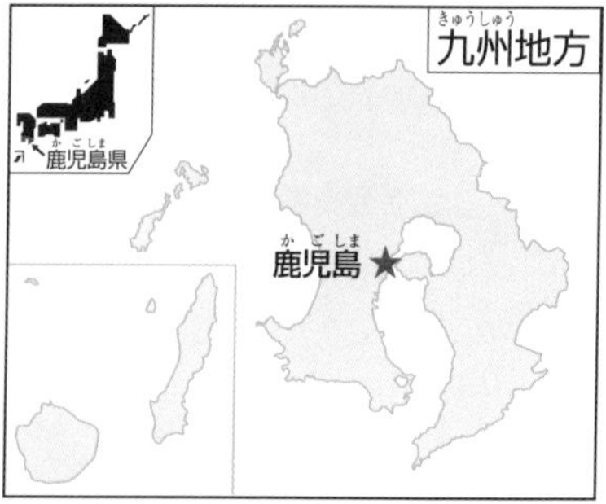
九州地方《きゅうしゅう》
鹿児島県《かごしま》
鹿児島《かごしま》

冬でもあたたかい沖縄県《おきなわ》には、多くの観光客《かんこうきゃく》がおとずれます。さとうきびやパイナップルの生産量《せいさんりょう》は日本一です。

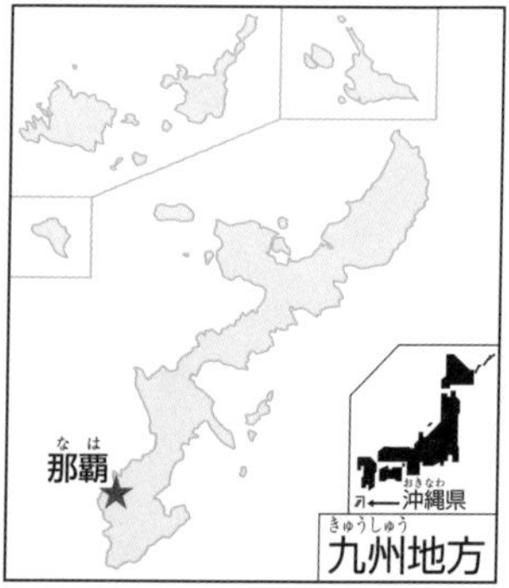
那覇《なは》
沖縄県《おきなわ》
九州地方《きゅうしゅう》

寝る前にもう一度

- ぬいだズボンとくつ下は、ちゃんといつものカゴしま(鹿児島)え。
- ナハ(那覇)ナハ！　南の島は沖縄県！

★今夜おぼえること

きれいな水つくる、じょう水場。

下から読んでも、じょう すい じょう。

上からよんでも
下からよんでも
「じょうすいじょう」
じょう
すい
じょう
ホントダ〜

ゴロ合わせ きれいになって上から下へ!

下水の勝《しょう》利《り》だじょー!

(下水しょり場)

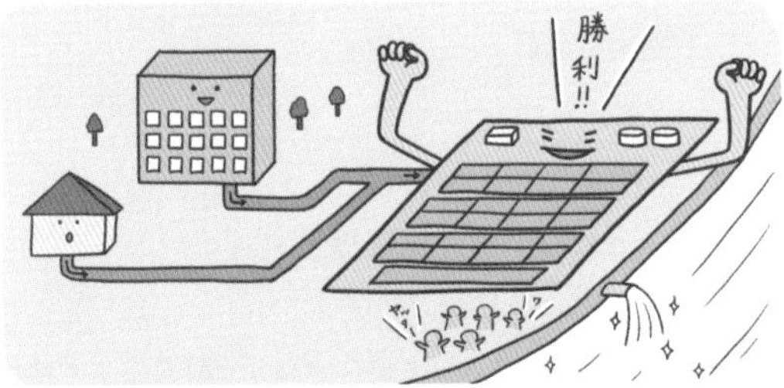
勝利!!

★今夜のおさらい

じょう水場は，川から取り入れた水をきれいにして，安全でおいしい水を家庭に送っています。

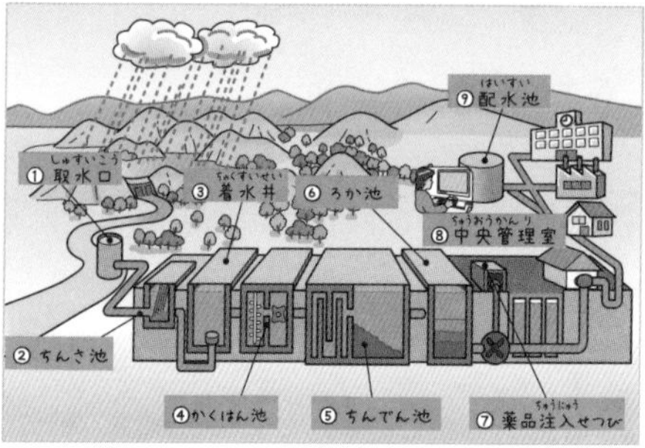

▶じょう水場のしくみ

家庭や学校，工場などから出るよごれた水は，下水しょりしせつ(場)できれいにしてから，川や海に流されます。

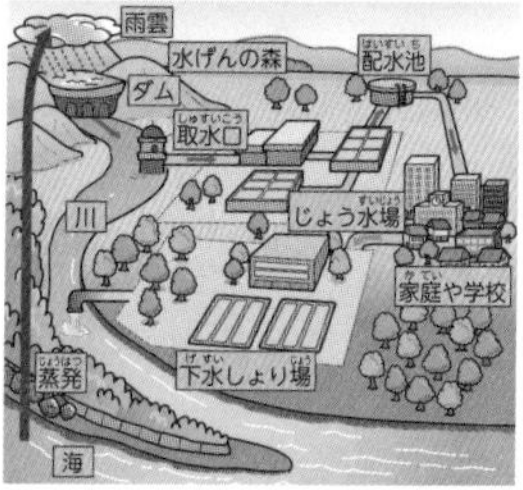

▲水のじゅんかん

寝る前にもう一度

きれいな水つくる，じょう水場。下から読んでも，じょう すい じょう。

きれいになって上から下へ！ 下水の勝利《しょうり》だじょー！

(下水しょり場)

28. ごみのしょりと利用

□ 月 日
□ 月 日

★今夜おぼえること

「せいっせいっ」ともえるごみをもやすよ，せいそう工場。

ごみをくるくるリサイクル。生まれ変《か》わって帰ってくるん。

社会

★今夜のおさらい

せいそう工場では、集めたもえるごみをもやして、はいをしょぶん場（うめ立て地）に運びます。

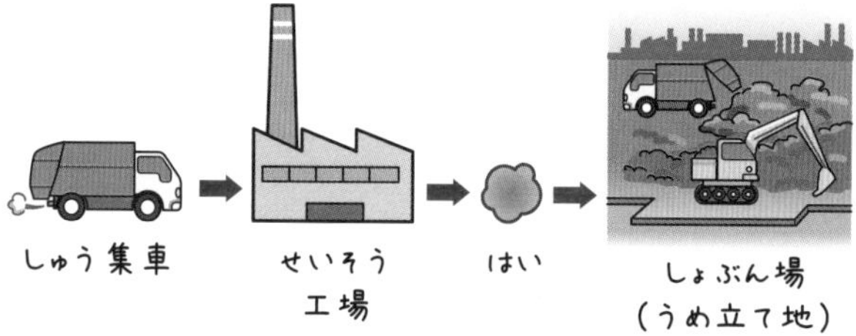

しゅう集車
せいそう工場
はい
しょぶん場（うめ立て地）

分別《ぶんべつ》して出されたごみを、つくり直したり、原料《げんりょう》にもどしたりしてもう一度使えるようにすることを、リサイクルといいます。

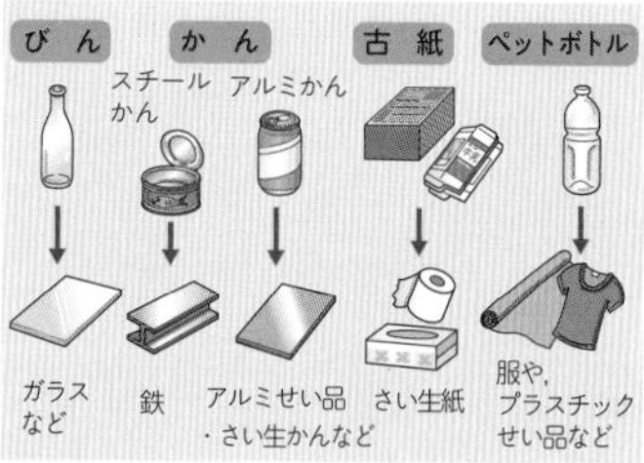

びん
かん
古紙
ペットボトル
スチールかん
アルミかん
ガラスなど
鉄
アルミせい品・さい生かんなど
さい生紙
服や、プラスチックせい品など

寝る前にもう一度

「せいっせいっ」ともえるごみをもやすよ、せいそう工場。

ごみをくるくるリサイクル。生まれ変《か》わって帰ってくるん。

□ 月 日
□ 月 日

★今夜おぼえること

ゴロ合わせ かあさん、つな引きには自信《じしん》があるよ。ゆうき出してフ〜！

（火山《かざん》）（津波《つなみ》）（地震《じしん》）

（雪害《せつがい》）（風水害《ふうすいがい》）

ゴロ合わせ 今日は、じいちゃんと公園へゴー！

（共助《きょうじょ》）（自助《じじょ》）（公助《こうじょ》）（互助《ごじょ》）

★今夜のおさらい

★ 地震《じしん》や津波《つなみ》，風水害《ふうすいがい》，雪害《せつがい》，火山《かざん》のふん火などの自然災害《しぜんさいがい》はいつおこるかわからないので，日ごろからそなえておくことが大切です。

☽ 大きな災害がおこったときは，自助《じじょ》や共助《きょうじょ》だけでなく，公助《こうじょ》や互助《ごじょ》がとても重《じゅう》要《よう》です。

自助…自分の身は自分で守ること。
共助…学校や地いきで助け合って守ること。
公助…市や県，国などによる助けのこと。
互助…他の地いきと助け合うこと。

寝る前にもう一度

★ かあさん，つな引きには自信《じしん》があるよ。ゆうき出してフ～！
(火山)　(津波)　(地震)　(雪害)　(風水害)

☽ 今日は，じいちゃんと公園へゴー！
(共助)　(自助)　(公助)　(互助)

30. きょう土の伝統《でんとう》　□　月　日　□　月　日

★今夜おぼえること

伝《つた》えよう！きょう土芸《げい》のうと年中行事。

ゴロ合わせ　今日のお願《ねが》い　おむすびつき。

（きょう土芸のう）（願い）（結《むす》びつく）

おむすびもつけて!!
まだ食べるの!?

社会

★今夜のおさらい

地いきには、おどりなどの きょう土芸《げい》のう (伝《でん》とう芸のう) や、毎年決まった時期に行われる 年中行事 など、古くから伝《つた》わる文化ざいがあります。

昔からある建物《たてもの》も文化ざいだよ！

きょう土芸のうや年中行事には人々の 願《ねが》い がこめられていて、参加《さんか》する人々の 結《むす》びつき も強くなります。

元気ですごせますように！

寝る前にもう一度

伝えよう！きょう土芸のうと年中行事。

今日のお願い おむすびつき。

(きょう土芸のう)(願い) (結びつき)

★★ 接続語《せつぞくご》は、文と文、言葉と言葉をつないで、前後のつながり方をはっきりさせる言葉です。

接続語に注目すると、文章の流れを早く読み取れるよ。

☽ あとの文が、前の文を説明《せつめい》している内容《ないよう》なら「だから」、反対の内容なら「でも」などでつなぎます。

他のつなぎ方をする接続語もあるよ。例 また・それとも・なぜなら・さて

寝《ね》る前にもう一度

★★ きっちりと前後《ぜんご》をつなぐよ、接続語《せつぞくご》。

☽ がんばった。だから、勝《か》った。
でも、負《ま》けた。

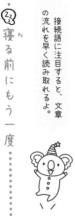

15. つなぎ言葉（接続語《せつぞくご》）

□ 月　日　□ 月　日

★今夜おぼえること

きっちりと
前後《ぜんご》をつなぐよ、
接続語《せつぞくご》。

ずっとゲームをしていたい。
けれども、
一日、一時間だけと決める。

がんばった。
だから、勝《か》った。
でも、負《ま》けた。

ウォー!!!
だから、
勝ったー!!!
わー
でも、
負けた…

★今夜のおさらい

主語と述語《じゅつご》のほね組みに、文をくわしくする肉づけをするのが修飾語《しゅうしょくご》です。

修飾語はふつう、あとにくる言葉をくわしくしているんだ。

寝《ね》る前にもう一度

修飾語《しゅうしょくご》　くわしい説明《せつめい》加《くわ》えている。

「だれの」「いくつ」「なぜ」「だれに（と）」「どこまで」などに当たる言葉も、修飾語です。

「ぼくは、大きなりんごを五こ食べた。」の文の修飾語は、「大きな・りんごを・五こ」の三つだよ。

「いつ、どこで（に）、どんな、何《なに》を、どのように」。

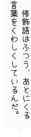

★今夜おぼえること

修飾語《しゅうしょくご》

くわしい説明《せつめい》
加《くわ》えている。

雲がうかぶ。
白い
雲が
空に
うかぶ。

「いつ、どこで（に）、どんな、何《なに》を、どのように」。

知らない
子が
朝
リビングで
丸い
パンを
ムシャ
ムシャ
だれ…？
おいしそうに
食べる。

★今夜のおさらい

★★ 文の組み立ての基《き》本《ほん》は、「何（だれ）が（は）」などをしめす主語と、「どうする」などをしめす述語《じゅつご》です。

述語はふつう、文の終わりにあるよ。

☽ 主語と述語のかたには「何が（は）―どうする・どんなだ・何だ」の他に、「何が（は）―ある・いる」などもあります。

「雲がない。」のように、「何が―ない。」も、主語＋述語だよ。

寝《ね》る前にもう一度

★★ 文《ぶん》のほね組《ぐ》み 主語《しゅご》・述語《じゅつご》。

☽ 「何《なに》が（は）、どうする」「何《なに》が（は）、どんなだ」「何《なに》が（は）、何《なん》だ」。

13. 文の組み立て①（主語・述語《じゅつご》）

月 日
月 日

★今夜おぼえること

文《ぶん》のほね組《ぐ》み

主語《しゅご》・述語《じゅつご》。

「何《なに》が（は）、どうする」

「何《なに》が（は）、どんなだ」

「何《なに》が（は）、何《なん》だ」。

ライオンが、

走る。

ライオンは、

勇《ゆう》かんだ。

ライオンは、

王者だ。

国語

★今夜のおさらい

☆故事成語《こじせいご》は、昔の話が元になってできた、教え のつまった言葉です。

例 木によりて魚《うお》を求《もと》む

例の「木によりて魚を求む」は、「方法がまちがっているので、目的《もくてき》が達成《たっせい》できない」という意味だよ。

☾「矛盾《むじゅん》」は「二つの事がらのつじつまが合わないこと。食いちがうこと」という意味です。

二字の故事成語には、「杜撰《ずさん》」（〝いいかげんなこと）や「蛇《だ》足《そく》」（〝あとから加えられたよけいなもの）などがあるよ。

寝《ね》る前にもう一度

☆故事成語《こじせいご》 昔《むかし》の話《はなし》を元《もと》にして。

☾ 矛盾《むじゅん》しているよ、話《はなし》がちがうよ。

★今夜おぼえること

✪故事成語《こじせいご》

昔《むかし》の話《はなし》を元《もと》にして。

主に中国の昔の話
故事
を元にして
できた言葉
成語
温故知新《おんこちしん》
一刻千金《いっこくせんきん》
漁夫《ぎょふ》の利《り》
（漁父）
いろいろあるぞよ

☽矛盾《むじゅん》しているよ、

話《はなし》がちがうよ。

何でもつき通す
矛《ほこ》
何もつき通さない
盾《たて》
ギク
ムジュンだ!!
どっちが強いの？

□月　日
□月　日

★今夜のおさらい

★ ことわざには、**動物**が出てくるものが多くあります。

例 ①さるも木から落ちる・②ねこに小判《こばん》

①は「名人もときには失敗《しっぱい》する」、②は「どんなにね打ちのあるものも知らない人には役に立たない」という意味だよ。

☽ 人生に役立つ**教訓**《きょうくん》や**いましめ**（注意）がふくまれているのも特《とく》ちょうです。

「人になさけをかけると、相手のためになるだけでなく、いつかは良《よ》いむくいとなって自分に返ってくる」という意味だよ。

寝《ね》る前にもう一度

★ 聞《き》いていないね、馬《うま》の耳《みみ》に念仏《ねんぶつ》。

☽ 人《ひと》に親切《しんせつ》に、なさけは人《ひと》のためならず。

11. ことわざ

□月日 □月日

★今夜おぼえること

聞《き》いていないね、馬《うま》の耳《みみ》に念仏《ねんぶつ》。

人《ひと》に親切《しんせつ》に、なさけは人《ひと》のためならず。

国語

★今夜のおさらい

★★★慣用句《かんようく》には、頭・ひたい・目・鼻・耳・首・かた・むね・はら・手・足など、体の一部が出てくるものが多くあります。

「ねこの手も借《か》りたいほどいそがしい。」など、動物の名前が入ったものも多くあるよ。

☽「鼻」をふくむ慣用句は他に、①鼻に付《つ》く、②鼻で笑《わら》うなどがあります。

①は「あきあきしていやになる」、②は「相手を見下してふんと笑う」という意味だよ。

Zzz 寝《ね》る前にもう一度

★★★ 慣用句《かんようく》 体《からだ》の一部《いちぶ》が目印《めじるし》だ。

☽ 鼻《はな》が高《たか》い子《こ》の鼻《はな》を折《お》る。

10. 慣用句《かんようく》

月　日　月　日

★今夜おぼえること

慣用句《かんようく》

体《からだ》の一部《いちぶ》が目印《めじるし》だ。

やっちゃった
0

「顔から火が出る」

「むねがいたむ」

だいじょうぶかしら…
ズキッ
お母さん

鼻《はな》が高《たか》い子《こ》の鼻《はな》を折《お》る。

「鼻が高い」

85
イエーイ

じまんである。

「鼻を折る」

フッ
100
85

じまんをくじく。

国語

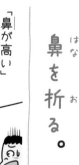

★今夜のおさらい

★★ 上の漢字が、下の漢字について説明《せつめい》する組み立てです。

例 気温・住人・前進・長期・民家《みんか》・老木《ろうぼく》

「気温」を「空気の温度」のように、言いかえてみよう。

☾ 下から上に、「～に」か「～を」の形でもどる組み立てです。

例 開会・消火・乗車・着陸《ちゃくりく》・読書・入館

例の熟語《じゅくご》は「～に」で言い直せるかな？「～を」で言い直せるかな？

寝《ね》る前にもう一度

★★「休日《きゅうじつ》」は休《やす》みの日《ひ》、「熱湯《ねっとう》」は熱《あつ》い湯《ゆ》。

☾「登山《とざん》」は山《やま》に登《のぼ》る、「発声《はっせい》」は声《こえ》を発《はっ》する。

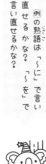

★今夜おぼえること

「休日《きゅうじつ》」は休《やす》みの日《ひ》、「熱湯《ねっとう》」は熱《あつ》い湯《ゆ》。

「登山《とざん》」は山《やま》に登《のぼ》る、「発声《はっせい》」は声《こえ》を発《はっ》する。

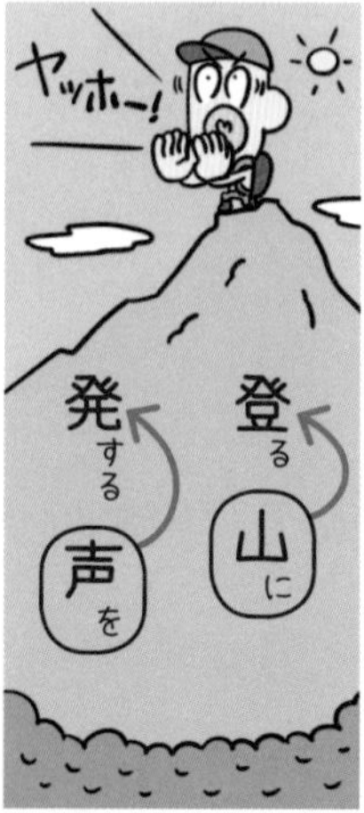

月　日
月　日

★今夜のおさらい

★意味がおたがいに反対（対《つい》）の漢字どうしの組み立てです。

例 強弱・苦楽・高低《こうてい》・左右・勝敗《しょうはい》・水陸《すいりく》

「男女」「東西」「南北」などもそうだね。

☾意味がおたがいににた漢字どうしの組み立てです。

例 願望《がんぼう》・救助《きゅうじょ》・幸福・消失《しょうしつ》・倉庫《そうこ》・変化《へんか》

「教育」「区別《くべつ》」「表現《ひょうげん》」などもあるよ。

寝《ね》る前にもう一度

★「遠近《えんきん》」は、「遠《とお》い⇔《と》近《ちか》い」で反対《はんたい》だ。

☾「生産《せいさん》」は、「生《う》む＝《と》産《う》む」でにた意味《いみ》だ。

月　日
月　日

★今夜おぼえること

「遠近《えんきん》」は、「遠《とお》い⇕《と》近《ちか》い」で反対《はんたい》だ。

遠い！
近い！
「遠近」

「生産《せいさん》」は、「生《う》む=《と》産《う》む」でにた意味《いみ》だ。

たまごを産む。
「生産」
新記録《しんきろく》を生む。

★★★同じ音《おん》読みの熟《じゅく》語《ご》は、文の意味に合う熟語を書きます。

例

良《よ》い気候《きこう》になる。

紀行《きこう》文を書く。

「キコウ」の同音異義語《いぎご》には、他に「帰港」などもあるよ。

☽同じ訓《くん》読みの漢字は、文の意味に合う漢字を書きます。

例

暑《あつ》い日。

熱《あつ》い湯。

「暑い」は気温が高い場合、「熱い」は物の温度が高い場合などに使うよ。

寝《ね》る前にもう一度

★★★えらいな、感心《かんしん》。気《き》になる、関心《かんしん》。

☽気《き》が合《あ》う友達《ともだち》に会《あ》う。

□月□日
□月□日

★今夜おぼえること

えらいな、感心《かんしん》。
気《き》になる、関心《かんしん》。

気《き》が合《あ》う友達《ともだち》に
会《あ》う。

★今夜のおさらい

調べたい漢字の音《おん》か訓《くん》の読み方が分《わ》かっているときは、漢字辞典《じてん》の音訓さくいんで調べます。

音はかたかな、訓はひらがなでのっているよ。

漢字の読み方も部首も分からないときは、画数を数えて、総画《そうかく》さくいんで調べます。

その漢字の部首が分かるときは、「部首さくいん」も便利《べんり》だよ。

寝《ね》る前にもう一度

読《よ》み方《かた》が分《わ》かっていれば音訓《おんくん》で。

何画《なんかく》で書《か》くか分《わ》かれば総画《そうかく》で。

月　日
月　日

★今夜おぼえること

読《よ》み方《かた》が分《わ》かっていれば音訓《おんくん》で。

「管《カン》」の他の読み方は？
音訓さくいん
カン
管……刊 干
474 74 192
あった！

何画《なんかく》で書《か》くか分《わ》かれば総画《そうかく》で。

5画の「以」は何と読む？
総画さくいん
5画
玉……右 以
661 169 47
あった！

国語

勇

音 ユウ
訓 いさむ

フ マ ア 丙 丙 甬 甬 勇 勇

・勇気《ゆうき》
・勇者《ゆうしゃ》
・ライバルとの試合《しあい》に心が勇《いさ》む。

「勇む」は「はりきる」という意味だよ。

労

音 ロウ
訓 ―

丶 丷 ⺍ ⺍ 𭕄 学 労

・労働《ろうどう》
・苦労《くろう》
・長年の功労《こうろう》がみとめられる。

上の部分を「⺌」と書かないようにね。「⺍」だよ。

寝《ね》る前にもう一度

マスクの男《おとこ》、勇《いさ》ましい。

ツかれたワたし、力《ちから》いっぱい労働《ろうどう》したの。

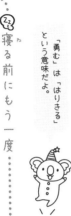

□月日
□月日

★今夜おぼえること

マスクの男《おとこ》、勇《いさ》ましい。

ツかれたワたし、力《ちから》いっぱい労働《ろうどう》したの。

国語

低

音 テイ
訓 ひくい　ひくめる　ひくまる

ノ イ 亻 亻 仾 低 低

・低下《ていか》
・最低《さいてい》
・気温が低《ひく》い。

「低める・低まる」は、「声を低める」「風の音が低まる」などと使うよ。

飛

音 ヒ
訓 とぶ　とばす

乁 乁 飞 飞 飞 飛 飛 飛 飛

・飛行《ひこう》
・飛来《ひらい》
・はとが飛《と》ぶ。

下のほうの「乁」は、「丿」の左までつき出して「飞」と書こう。

寝《ね》る前にもう一度

イかす氏名《しめい》の人《ひと》、一番《いちばん》せが低《ひく》い。

てく(飞)てく一人《ひとり》でイ(丿)く、てくてく。さあ、飛《と》ぶぞ。

★今夜おぼえること

イかす氏《し》名《めい》の人《ひと》、一《いち》番《ばん》せが低《ひく》い。

低
織田信長《おだのぶなが》です
イかすー!!
織田

てく（飞）てく一人《ひとり》でイ（亻）く、てくてく。

さあ、飛《と》ぶぞ。

イくぞー
てくてく
飛
バサバサ

月　日

月　日

★今夜のおさらい

省

音 セイ ショウ

訓 (かえりみる) はぶく

丨 ⺌ 小 少 尐 省 省 省 省

・反省《はんせい》

・省略《しょうりゃく》

・むだを省《はぶ》く。

「省く」は「取りのぞく」という意味だよ。

達

音 タツ

訓 ―

一 十 土 キ 去 去 去 查 幸 幸 達 達

・達人《たつじん》

・配達《はいたつ》

・目標《もくひょう》を達成《たっせい》する。

「達」には「すぐれる。とどく」という意味があるよ。

寝《ね》る前にもう一度

省: 少年《しょうねん》は目《め》で反省《はんせい》する。

達: 土《つち》をのせ、羊《ひつじ》が道《みち》(⻌)行《ゆ》き、配達《はいたつ》へ。

□ 月 日
□ 月 日

★今夜おぼえること

★★★ 少年《しょうねん》は目《め》で反省《はんせい》する。

☽ 土《つち》をのせ、羊《ひつじ》が道《みち》(辶)行《ゆ》き、配達《はいたつ》へ。

最

音 サイ
訓 もっとも

・最高《さいこう》
・最大《さいだい》
・最も《もっとも》寒い日。

「最も」は「いちばん。何よりも」という意味だよ。

参

音 サン
訓 まいる

・参加《さんか》
・参考《さんこう》
・はかにお参り《まいり》する。

神社やお寺にお参りするための道は「参道《さんどう》」というよ。

寝《ね》る前にもう一度

日曜日《にちようび》、耳《みみ》（耳）がヌルヌル最悪《さいあく》だ。

ムシ（無《む》し）、大《おお》きくノーノーノー（NO NO NO）と参加《さんか》せず。

★今夜おぼえること

□月日
□月日

★★★ 日曜日《にちようび》、耳《みみ》(耳)がヌルヌル最悪《さいあく》だ。

☽ ムシ(無《む》し)、大《おお》きくノーノーノー(NO NO NO)と参加《さんか》せず。

願

音 ガン
訓 ねがう

一 厂 厂 厂 戸 戸 戸 戸 原 原 原 原 原 原 原 願 願 願 願

・願望《がんぼう》
・宿願《しゅくがん》
・幸せを願《ねが》う。

「宿願」は「以前《いぜん》からの願い」という意味だよ。

径

音 ケイ
訓 ―

ノ ク 彳 彳 彳 径 径 径

・直径《ちょっけい》
・半径《はんけい》
・大口径《こうけい》の望遠鏡《ぼうえんきょう》。

「彳」は「ぎょうにんべん」という部首の一つだよ。

寝《ね》る前にもう一度

☆ 原《はら》っぱで、一《ひと》つノ貝《かい》に願《ねが》いごと。

☽ ノライヌの足《あし》あとが土《つち》の上《うえ》、直径《ちょっけい》は？

1. おぼえておきたい漢字①

★今夜おぼえること

★★★

原《はら》っぱで、一《ひと》つノ
貝《かい》に願《ねが》いごと。

☾

ノライヌの
足《あし》あとが土《つち》の上《うえ》、
直径《ちょっけい》は？

□ 月 日
□ 月 日

国語

国語はこちら側《がわ》から始まるよ！

編集協力：上保匡代，西川かおり，長谷川千穂，有限会社育文社，
有限会社マイプラン（近田伸夫，岩﨑麻子）

表紙・本文デザイン：山本光徳
本文イラスト：山本光徳，みるパン，松尾達，まつながみか，さやましょうこ（マイプラン），
さとうさなえ，つぼいひろき
DTP：株式会社明昌堂　データ管理コード：23-2031-3066（CC2018／2021）
図版：株式会社明昌堂，株式会社アート工房，ゼム・スタジオ，木村図芸社

※赤フィルターの材質は「PET」です。
◆この本は下記のように環境に配慮して製作しました。
・製版フィルムを使用しないCTP方式で印刷しました。
・環境に配慮して作られた紙を使用しています。

寝る前5分 暗記ブック 小4

⑩